# TRABALHO, GÊNERO E SAÚDE MENTAL

## Contribuições para a profissionalização do cuidado feminino

EDITORA AFILIADA

*Coordenadora do Conselho Editorial de Serviço Social*
Maria Liduína de Oliveira e Silva

*Conselho Editorial de Serviço Social*
Ademir Alves da Silva
Dilséa Adeodata Bonetti (*in memoriam*)
Elaine Rossetti Behring
Ivete Simionatto
Maria Lúcia Carvalho da Silva (*in memoriam*)
Maria Lucia Silva Barroco

**Dados Internacionais de Catalogação na Publicação (CIP)**
**(Câmara Brasileira do Livro, SP, Brasil)**

Passos, Rachel Gouveia
  Trabalho, gênero e saúde mental : contribuições para a profissionalização do cuidado feminino / Rachel Gouveia Passos. -- São Paulo : Cortez, 2018.

  Bibliografia.
  ISBN 978-85-249-2622-8

  1. Saúde mental - Brasil 2. Serviço social - Brasil 3. Trabalho e classes trabalhadora - Saúde mental 4. Mulheres cuidadoras I. Título.

18-12921                                             CDD-362.20981

**Índices para catálogo sistemático:**
1. Brasil : Mulheres cuidadoras : Saúde mental : Problemas sociais   362.20981

Rachel Gouveia Passos

# TRABALHO, GÊNERO E SAÚDE MENTAL

## Contribuições para a profissionalização do cuidado feminino

TRABALHO, GÊNERO E SAÚDE MENTAL: contribuições para a profissionalização do cuidado feminino
Rachel Gouveia Passos

*Capa*: de Sign Arte Visual
*Preparação de originais*: Jaci Dantas
*Revisão*: Maria de Lourdes de Almeida
*Composição*: Linea Editora
*Coordenação editorial*: Danilo A. Q. Morales
*Assessoria Editorial*: Maria Liduína de Oliveira e Silva
*Editora-assistente*: Priscila F. Augusto

Nenhuma parte desta obra pode ser reproduzida ou duplicada sem autorização expressa da autora e do editor.

© 2018 by Autora

Direitos para esta edição
CORTEZ EDITORA
Rua Monte Alegre, 1074 — Perdizes
05014-001 — São Paulo-SP
Tel.: +55 11 3864 0111 / 3611 9616
cortez@cortezeditora.com.br
www.cortezeditora.com.br

Impresso no Brasil — março de 2018

A todas as mulheres que trabalham como cuidadoras. Em especial, a Ana Gilda Soares.

Aos meus pais, Ceres Gouveia e Carlos Passos (*in memorian*), por toda dedicação e amor.

Ao amor da vida, Daniel Bossan, obrigada por ser um porto seguro em momentos tão difíceis.

# Sumário

**Prefácio**
Claudia Mazzei Nogueira ............................................................ 11

**Introdução** ............................................................................... 15

1. **Fundamentos teóricos e filosóficos do cuidado** ........ 23
   1.1 Filosofias do cuidado em saúde ................................. 24
   1.2 Teorias do *care* ............................................................ 40

2. **Configurações do trabalho do *care* na contemporaneidade** ............................................................ 65
   2.1 O trabalho e sua configuração contemporânea ............. 66
   2.2 Família, políticas sociais e o padrão de reprodução ...... 78
   2.3 Trabalho doméstico e seus novos arranjos .................... 86
   2.4 A mundialização do *care* no contexto de precarização do trabalho feminino ................................................... 94

3. **As trabalhadoras do *care* na política de saúde mental brasileira**............................................................ 117

   3.1 Panorama da constituição da Reforma Psiquiátrica Brasileira e dos Serviços Substitutivos ........................... 118

   3.2 Serviços residenciais terapêuticos: as trabalhadoras do *care* em cena ....................................................... 136

   3.3 Perfil das trabalhadoras do *care* nos Serviços Residenciais Terapêuticos do município do Rio de Janeiro ................................................................... 162

   3.4 A busca pela regulamentação da profissão .................... 181

**Considerações finais** ................................................................ 189

**Bibliografia** ................................................................................ 199

# Lista de figuras

Figura 1 — Sexo .................................................................... 169
Figura 2 — Raça .................................................................... 171
Figura 3 — Escolaridade ...................................................... 172
Figura 4 — Cursos de ensino superior ............................... 172
Figura 5 — Faixa etária ........................................................ 173
Figura 6 — Trabalhava anteriormente ............................... 174
Figura 7 — Tempo de atuação ............................................ 175
Gráfico 1 — Ocupação anterior .......................................... 176

# Prefácio

Durante o processo histórico, a subordinação e a desigualdade das relações entre homens e mulheres, prioritariamente, no que tange à divisão sócio-sexual do trabalho sempre se explicitou. Durante alguns séculos, como por exemplo no XVII e XVIII, o homem era o provedor do lar e a mulher não só não precisava como era impedida de ganhar algum dinheiro. Aquelas que apresentavam essa necessidade pertenciam às classes subalternizadas ou eram viúvas. Ou seja, socialmente não havia nenhum reconhecimento positivo em trabalhar.

Já os homens eram impelidos a ter a responsabilidade da fonte de renda da família e às suas mulheres cabiam as tarefas domésticas e o cuidado com os filhos. Essa realidade começou a ser metamorfoseada com a entrada da mulher no mundo do trabalho produtivo, principalmente com sua inserção no setor industrial têxtil. Cabe lembrar que a transição da manufatura para a grande indústria se inicia no final do século XVIII e avança até o século XIX.

Além desse processo de industrialização, outro ponto muito importante para a mulher se soltar das "amarras da dependência de seu marido" foi a luta e reflexão realizados pelos movimentos feministas do século XIX e início do século XX que questionavam os históricos pré-conceitos (para o homem prover e para a mulher cuidar) que pesavam sobre a mulher naquele período. Esses movimentos, em certa medida, denunciavam a opressão/exploração da mulher.

Dessa forma, tanto a transição da manufatura para a indústria, quanto os movimentos feministas (com suas diversas nuances) resultaram na presença real das mulheres no mundo do trabalho, como força de trabalho também explorada, tornando-as partícipes da classe trabalhadora.

No entanto, é importante destacar que o ingresso da mulher na esfera do trabalho assalariado não ocorreu de forma simples. Em verdade, a sua entrada no âmbito do trabalho produtivo foi sempre acompanhada de preconceito, desvalorização e desigualdade. O que nos faz lembrar Mészáros (2002), em seu livro *Para além do Capital*: "(...) a estrutura de comando do capital sempre foi — e para sempre será — totalmente incompatível com a ideia de conceder a qualquer pessoa igualdade substantiva (...)". E continua dizendo: "(...) elas devem ser excluídas do verdadeiro poder de decisão por causa de seu papel decisivo na reprodução da família, que terá de se alinhar com os imperativos absolutos e os ditames autoritários do capital". E ainda, segundo o autor, isso ocorre devido à família ocupar "uma posição de importância essencial na reprodução do próprio sistema do capital (...)". (Mészaros, 2002, p. 277, 278)

Para exemplificarmos essa realidade, sabemos que até hoje, no ano de 2017, as mulheres ganham em torno de até 30% menos que os homens na mesma função, no âmbito do trabalho produtivo.

Isso decorre, como já afirmamos anteriormente, da naturalização histórica de que lugar da mulher é no espaço da reprodução como cuidadora. Seguindo esta premissa, o capital se apropria dessa naturalização do lugar feminino e incorpora a mulher trabalhadora de forma mais intensamente precarizada. Ou seja, em geral, com essa desigual divisão sócio-sexual do trabalho, as mulheres acabam por se inserir nos trabalhos mais precários e mais mal remunerados. Embora reconheçamos que já há mulheres inseridas em cargos de direção, de chefia, estas, entretanto, em sua maioria, recebem uma remuneração menor em relação aos homens.

Nessa realidade somada à destruição e perda de direitos trabalhistas, de vilipêndio da classe trabalhadora, pesquisar e escrever sobre a temática do trabalho e gênero torna-se cada vez mais necessário.

E frente a essa necessidade, a pesquisadora e Professora Rachel Gouveia Passos, com grande rigor científico e espírito crítico, oferta--nos este livro intitulado *Trabalho, Gênero e Saúde Mental: Contribuições para a profissionalização do cuidado feminino.*

Esta obra originou-se de sua pesquisa de doutorado e compreende o trabalho do cuidado (*care*) feminino no campo da saúde mental e seus desdobramentos, entre eles a invisibilidade, desvalorização e subalternidade da ocupação de cuidadora. Destaca ser essa função exercida majoritariamente por mulheres e, por essa razão, emergindo uma acentuada opressão de classe, gênero e raça/etnia.

Para essa, reflexão a autora realizou não só a pesquisa bibliográfica, mas também uma cuidadosa pesquisa de campo com algumas trabalhadoras do *Care*, na esfera da saúde mental, que atuavam no Município do Rio de Janeiro. O que a permitiu mostrar que o trabalho do *care* "é expresso sob a forma de serviços, em especial, a partir da mercantilização de todas as esferas da vida. O seu produto diz respeito à reprodução e continuidade da vida e à viabilização do bem-estar dos indivíduos sociais". A relação entre o/a trabalhador/a e o/a usuário/a do serviço "acontece no estabelecimento de contratos, principalmente no que diz respeito de como ocorrerá a intervenção direta sobre o corpo, a vida e o cotidiano, mesmo que o indivíduo que recebe diretamente o cuidado não seja" o/a empregador/a.

Além disso, as trabalhadoras mantêm certa liberdade de ação profissional, mesmo sendo o/a seu/sua empregador/a quem defina os limites dos recursos e a organização para a sua atuação profissional.

Mas cabe destacar, como Rachel indica, que "uma de suas particularidades são as funções que sempre foram executadas pelas mulheres de forma gratuita e servil nas famílias" como o banho, a higiene, a alimentação e demais necessidades de subsistência humana. Ou seja, as necessidades básicas ontológicas do ser social.

No entanto, mesmo sendo necessidades humanas ontológicas, nem todos/as podem pagar por esse tipo de trabalho. Somente aqueles/as que são pertencentes às classes mais providas de recursos financeiros podem ter acesso a essas trabalhadoras, uma vez que "o processo de incorporação dessas profissionais por parte do poder público, infelizmente não tem chegado para aqueles que mais necessitam e acaba restrito apenas aos casos mais graves e específicos vinculados a determinadas instituições". Evidenciando, dessa forma, mais uma dimensão de profunda desigualdade social.

Para desenvolver essa reflexão, a autora percorre um criterioso e crítico caminho, trazendo categorias fundamentais que contribuem para essa importante análise, conforme ela indica em sua introdução. São elas: os fundamentos teóricos e filosóficos do cuidado; as configurações do trabalho do *care* na contemporaneidade e as trabalhadoras do *care* na política de saúde mental brasileira.

Por fim, este livro que trata de tão importante temática, deve não só ser lido por todos/as que de alguma forma apresentam interesse nesta questão, mas ele deve ser também utilizado como um instrumento de reflexão que viabilize a luta pela busca de uma sociedade que de fato contemple uma divisão sócio-sexual do trabalho mais justa, ou seja, rumo à igualdade substantiva.

São Paulo, outubro de 2017
Profa. Dra. Claudia Mazzei Nogueira
UNIFESP/Santos

# Introdução

Este estudo é fruto de inquietações que perpassam não só a realidade profissional e política em que esta pesquisadora está inserida, mas também vincula-se aos papéis sociais destinados a todas as mulheres. Questionar a naturalização e a generificação das atividades, ocupações e profissões consideradas femininas é trazer à tona algumas das opressões engendradas e perpetuadas no cotidiano da sociabilidade burguesa.

Sendo fruto da pesquisa de doutoramento realizado no Programa de Estudos Pós-graduados em Serviço Social da Pontifícia Universidade Católica de São Paulo[1], esta obra tem como objetivo analisar o trabalho do cuidado feminino no campo da saúde mental, problematizando a sua não profissionalização, formação e regulamentação, bem como as justificativas que sustentam a "convocação" das mulheres para a ocupação de cuidadora. Portanto, o cuidado feminino insere-se como trabalho no cenário contemporâneo — sendo denominado de

---

1. A tese foi defendida em 2016, no Programa de Estudos Pós-graduados em Serviço Social, da Pontifícia Universidade Católica de São Paulo (PUC-SP), com o título: Trabalhadoras do *care* na saúde mental: contribuições marxianas para a profissionalização do cuidado feminino, sob a orientação da profa. Lúcia Maria Barroco. Durante o doutoramento, realizamos o estágio doutoral na Universidade de Coimbra, em 2015, sob a orientação da profa. Sílvia Portugal, com o apoio da CAPES.

*care* —, de forma subalterna e invisível em consequência das desigualdades e opressões de classe, gênero, raça/etnia perpetuadas pela sociabilidade burguesa.

Em se tratando da relevância da temática, cabe assinalarmos que ela emerge da contradição expressa na realidade e também da ausência de produção teórica e analítica sobre o tema. Ou seja, não se produz acerca dessa questão no âmbito da saúde mental e do Serviço Social, o que promove ainda mais a invisibilidade desse trabalho e, consequentemente, reforça as opressões/exploração das mulheres, sobretudo as negras das camadas mais desfavorecidas, uma vez que são elas que ocupam esse mercado subalternizado.

Além disso, no campo da saúde e da saúde mental, e até no próprio Serviço Social, o cuidado vem sendo incorporado — não só nas produções teóricas, como também no exercício profissional — como uma responsabilidade individual e familiar recaindo diretamente sobre as mulheres. Nesse sentido, é preciso indagar quais os fundamentos teóricos e filosóficos que sustentam essas perspectivas e problematizar suas bases, já que reduzem a responsabilidade do próprio cuidado para os indivíduos e reafirmam um sentido meramente subjetivo a ele (Gutierrez; Minayo, 2008).

Todavia, são as pesquisadoras Helena Hirata e Daniéle Kergoat (2007) que desenvolvem conceitualmente o *care*, localizando-o na divisão sexual do trabalho, inscrito na divisão sociotécnica do trabalho contemporâneo. A partir da concepção das autoras, o capitalismo perpetua-se através de um sistema de gênero, reproduzindo a exploração do capital sobre o trabalho, através da hierarquização e segmentação das funções, subalternizando e desvalorizando o trabalho feminino em relação ao masculino. Como os sexos e os gêneros são construídos historicamente e socialmente, a generalização da divisão social e sexual do trabalho resulta dessas construções, que perpassam tanto a esfera produtiva quanto a reprodutiva.

É essa generificação da divisão social e sexual do trabalho que designou os homens para a esfera produtiva e as mulheres para a esfera reprodutiva, fragmentando, individualizando e moldando o humano genérico a partir dos sexos biológicos. A sociabilidade burguesa apropriou-se dessa divisão social e sexual do trabalho para poder perpetuar e aprofundar a hierarquização, a subalternidade, a invisibilidade e a opressão de gênero impondo a indissociabilidade entre os homens e a esfera da produção e as mulheres e a esfera da reprodução.

Destacamos que, a partir do reconhecimento do trabalho doméstico e de cuidados como trabalho, Hirata e Kergoat (2007) identificam que, mesmo com a inserção das mulheres no mercado de trabalho, as funções vinculadas à esfera reprodutiva continuam ligadas ao gênero feminino. As transformações no mundo do trabalho e a reestruturação produtiva possibilitaram a inserção feminina de forma contraditória, ou seja, as mulheres foram incorporadas de forma massiva no mercado de trabalho a partir da precarização, da flexibilização e da terceirização, sendo que, ao mesmo tempo, não houve mudanças na distribuição das responsabilidades do trabalho doméstico e de *care* não remunerados. Ademais, essa contradição acionou as mulheres das classes mais subalternas para ocuparem o lugar de cuidadoras na esfera produtiva, através da mercantilização do trabalho de *care*.

O fenômeno da mercantilização do *care* vem se colocando no cenário internacional de forma variada, a partir da realidade de cada país, o que leva à necessidade da sua investigação em cada particularidade e singularidade. No caso brasileiro, esse fenômeno possui inúmeras expressões, mas uma de suas maiores marcas é a desigualdade de classe e raça vinculada à própria constituição sócio-histórica do país, marcada pelo pensamento escravocrata e racista.

O Estado, por sua vez, vem sofrendo sua contrarreforma, a partir da chegada do neoliberalismo no cenário brasileiro. As conquistas dos trabalhadores, expressas pelos direitos sociais e pela Seguridade Social — estabelecida pela Constituição Federal de 1988 e demais legislações —, vêm sofrendo fortes refrações. Tais mudanças rebatem diretamente na população e nos novos arranjos familiares. Ademais, as políticas públicas, além de possuírem um caráter focalista, centram-se na perspectiva familista, transferindo para as famílias as responsabilidades do provimento do cuidado, gerando uma sobrecarga para as mulheres em relação às responsabilidades da manutenção e da viabilização do cuidado aos sujeitos considerados vulneráveis e protegidos por lei (crianças, idosos, pessoas com deficiência, pessoas em sofrimento psíquico etc.). Enfim, o desmonte da proteção social recai diretamente sobre as mulheres (Passos, 2015).

Apesar das refrações impostas pela contrarreforma do Estado, diversas políticas públicas avançaram e estabeleceram-se; neste caso, destacamos a política de saúde mental brasileira. Por meio da organização e da participação do movimento da luta antimanicomial na construção dessa política pública, foi possível a mudança do modelo biomédico, hospitalocêntrico e medicamentoso para o cuidado comunitário, aberto e multidisciplinar. O estabelecimento dos serviços substitutivos foram fruto das experiências exitosas dos diversos idealizadores e militantes defensores da Reforma Psiquiátrica Brasileira.

Nesse sentido, a mundialização e crise do capital colocam em xeque toda a proposta. A política de saúde mental brasileira avançou, articulada aos novos modelos de desenvolvimento econômico e social, com as reconfigurações do Estado e reorganização das políticas econômicas e sociais, além das mudanças do mundo do trabalho e dos seus respectivos processos de trabalho.

Esse cenário contribuiu para que a Reforma Psiquiátrica Brasileira incorporasse as cuidadoras como pilares de sustentação do processo de desmonte da organização hospitalocêntrica sem qualquer criticidade quanto à absorção dessas trabalhadoras. Elas se tornaram os sujeitos que, no processo da desinstitucionalização da saúde mental, lidam com o cuidado em saúde mental nos novos equipamentos, em especial, os serviços residenciais terapêuticos. Tal "convocação" está associada ao processo de mundialização do *care*, às reconfigurações do padrão de reprodução e aos novos arranjos familiares, além do encolhimento das ações estatais no provimento de equipamentos públicos no intuito de viabilizarem os cuidados necessários ao bem-estar dos indivíduos.

Na tentativa de responder as indagações que sustentaram os objetivos analíticos da pesquisa, buscamos afirmar a hipótese de que o cuidado feminino, na cena contemporânea, é trabalho e vem sofrendo sua mercantilização através da expansão mundial, via setor de serviços. Portanto, produz-se valor de troca, a partir do momento em que a sua venda sofre a intermediação de empresas e instituições, diferenciando-se do *care* efetuado de forma gratuita no seio familiar.

Destacamos que no caso aqui identificado são as trabalhadoras do *care* na saúde mental, apesar de elas estarem atreladas a uma política pública e estatal, as novas formas de gestão da saúde pública brasileira localizam a saúde como mercadoria, sustentadas pela privatização e terceirização dos dispositivos de atenção psicossocial. Além disso, o não reconhecimento desse trabalho atrela-se à invisibilidade e ao não reconhecimento advindos da esfera reprodutiva, na qual as mulheres exercem o trabalho doméstico e de *care* de forma servil e voluntária, tendo como recompensa o amor e o afeto provenientes da idealização do ser mãe.

Esses processos diferenciam-se, não só nas relações entre homens e mulheres, mas também entre as próprias mulheres. Como retrata Toledo (2005) no título do seu livro *Mulheres: o gênero nos une, a classe nos separa*, podemos afirmar que as desigualdades de classe, raça/etnia, sexualidade, geração etc. separam e diferenciam as mulheres não só nas relações sociais como também no mercado de trabalho. Através dos dados provenientes do IBGE e da pesquisa empírica, afirmamos que são as mulheres negras, sem formação e das camadas subalternas que efetuam o trabalho de *care* no cenário brasileiro. A bipolarização no quesito educação entre as próprias mulheres as separa e as nivela de formas distintas, agravando-se com o recorte de raça e etnia, não sendo característica inerente à realidade brasileira, mas que também se expressa no cenário internacional (Hirata, 2010b).

Destacamos que a análise aqui proposta trabalha com quatro concepções de cuidado: a primeira diz respeito ao cuidado identificado como necessidade ontológica do ser social, sendo por isso que problematizamos as concepções abordadas em Heidegger e Foucault no campo da saúde; a segunda trata-se do *care*, compreendida como trabalho do cuidado executado por mulheres de forma remunerada ou não, no cenário contemporâneo; a terceira refere-se ao cuidado feminino, que está relacionado a essencialização e naturalização do cuidado como parte das características consideradas femininas; e a quarta concepção é o cuidado em saúde mental, pautado no novo modelo de "tratamento" em saúde mental denominado de Atenção Psicossocial.

Como método de organização, dividimos esta obra em três capítulos. No primeiro capítulo são expostos os fundamentos teóricos e filosóficos do cuidado, apresentando as perspectivas existentes sobre o cuidado em saúde e em saúde mental. Os fundamentos do cuidado em saúde nos mostram a hegemonia do pensamento de Heidegger e Foucault, o que aponta a necessidade de problematizarmos e avançarmos na análise dessa categoria a partir do materialismo dialético. A seguir, expomos as teorias e concepções do *care*, nas perspectivas feministas norte-americana, espanhola e francesa, além de outras concepções que tratam dessa categoria. Nesse momento, podemos perceber que não há uma hegemonia no que diz respeito à concepção de *care* e de um determinado fundamento teórico, o que nos leva a apresentarmos contribuições marxianas ao longo da exposição.

No segundo capítulo, são abordadas as configurações atuais do mundo do trabalho a partir da reestruturação produtiva e do neoliberalismo. É nesse cenário que ocorreu o aumento massivo da participação das mulheres no mercado de trabalho formal e as mudanças nas responsabilidades com o trabalho doméstico e de cuidados em um cenário internacional. Tais fatores favoreceram o fenômeno da mundialização do *care*, assentado na desigualdade de classe, gênero e raça/etnia.

Já no terceiro e último capítulo, tratamos das trabalhadoras do *care* na política de saúde mental, no contexto da Reforma Psiquiátrica Brasileira. Recupera-se a construção do modelo atual de cuidado em saúde mental e de seus fundamentos para compreender e localizar a importância dessas trabalhadoras na efetivação da política e de um novo modo de lidar com a experiência do sofrimento psíquico. Apresentamos, ainda, a pesquisa empírica realizada no município do Rio de Janeiro, possibilitando uma maior visibilidade dessas mulheres que não são reconhecidas e identificadas pela política pública e por seus gestores. Logo, a não profissionalização dessa ocupação passa por uma invisibilidade e subalternidade de classe, gênero e raça/etnia que precisa ser questionada e exposta a fim de que se possa avançar nas questões que perpassam a socialização do cuidado em sociedade.

# 1

# FUNDAMENTOS TEÓRICOS E FILOSÓFICOS DO CUIDADO

Inicialmente, neste capítulo, serão abordadas as filosofias do cuidado em saúde para que se possa identificar algumas das tendências hegemônicas que sustentam o debate no campo da saúde. Após identificar essas tendências, partiremos para as teorias e conceitos do *care* que estão sendo construídos por diferentes pesquisadores(as) internacionais. Desse modo, será possível identificar que tanto as filosofias do cuidado em saúde quanto as teorias do *care* não se respaldam no materialismo dialético; pelo contrário, partem de perspectivas reducionistas, individualistas, que não reconhecem o real e em alguns casos fixam-se simplesmente nos fenômenos.

Torna-se necessário compreendermos que o cuidado é uma necessidade ontológica de todo ser humano, e, no cenário contemporâneo, foi reconhecido como trabalho e vem sendo mercantilizado. É na vida cotidiana que se tem a perpetuação do cuidado como um dos componentes das atribuições consideradas femininas e que deve ser ensinado a todas as mulheres, apesar das diferenciações existentes entre as próprias mulheres quando se identifica as desigualdades de classe, raça/etnia, sexualidade, geração etc.

## 1.1 Filosofias do Cuidado em Saúde

Para construirmos uma análise sobre o *care* na cena contemporânea, afirmando-o como trabalho executado, majoritariamente, por mulheres e que se vincula a uma determinada necessidade ontológica do ser social, torna-se necessário apresentar inicialmente as filosofias do cuidado em saúde. Partir do campo da saúde para discutir o cuidado é remeter às necessidades de bem-estar de todos os indivíduos, já que, enquanto humanos genéricos, todos reconhecem que precisam de cuidados, seja na infância, na velhice, ao contrair alguma doença ou por outras situações. Destaca-se que ao tratarmos o cuidado como uma necessidade universal do gênero humano podemos sinalizar que o mesmo tem sua particularização no capitalismo localizada no *care*. Tal particularização só pode ser reconhecida a partir da historicidade expressa por meio da identificação das relações existentes entre o universal e o particular.

No campo da saúde podemos afirmar que existe uma produção acadêmica significativa e de grande importância sobre o cuidado e que deve ser resgatada. Tais discursos direcionam-se para a promoção e vigilância da saúde, saúde mental e da família, redução de vulnerabilidades etc. Nesse caminho, é fundamental resgatar o conceito de cuidado compreendendo os diversos discursos que a atravessam.

Na literatura organizada e escrita por José Ayres, denominada *Cuidado: trabalho e interação nas práticas de saúde*, o autor reúne uma série de textos publicados por ele que debatem, a partir de uma perspectiva filosófica e conceitual, as práticas em saúde e o cuidado enquanto categoria analítica. Ao abordar essa categoria, o autor resgata elementos de extrema importância na elaboração e na análise do cuidado.

Segundo Ayres (2011), é possível analisar o cuidado a partir de quatro categorias analíticas: categoria ontológica, categoria genealógica, categoria crítica e categoria reconstrutiva. Entretanto, é preciso situar que o percurso analítico do autor não se direciona a uma perspectiva que busca êxitos para o "tratamento" em saúde; é, antes, uma análise da construção filosófica que perpassa as práticas em saúde. O autor retrata o cuidado enquanto "uma interação entre dois ou mais sujeitos visando o alívio de um sofrimento ou o alcance de um bem-estar, sempre mediada por saberes especificamente voltados para essa finalidade" (Ayres, 2011, p. 42)

Em relação à primeira categoria, que é a ontológica, parte dos pressupostos filosóficos de Martin Heidegger. A fábula de Higino, tratada em *Ser e Tempo*, é a mais utilizada para argumentar sobre a condição humana nessa perspectiva teórico-filosófica. Para muitos estudiosos do campo da saúde, esse filósofo subsidia e explica o cuidado como uma necessidade que acompanha o ser humano por toda a sua vida.

> Certa vez, atravessando um rio, Cuidado viu um pedaço da terra argilosa: cogitando, tomou um pedaço e começou a lhe dar forma. Enquanto refletia sobre o que criara, interveio Júpiter. O Cuidado pediu-lhe que desse espírito à forma de argila, o que ele fez de bom grado. Como Cuidado quis então dar seu nome ao que tinha dado forma, Júpiter proibiu e exigiu que fosse dado seu nome. Enquanto Cuidado e Júpiter disputavam sobre o nome, surgiu também a Terra *(tellus)* querendo dar seu nome, uma vez que havia fornecido um pedaço do seu corpo. Os disputantes tomaram Saturno como árbitro. Saturno pronunciou a seguinte decisão, aparentemente equitativa: 'Tu, Júpiter, por teres dado o espírito, deves receber na morte o espírito e tu, Terra, por teres dado o corpo, deves receber o corpo. Como, porém, foi o Cuidado quem primeiro o formou, ele deve pertencer ao Cuidado enquanto viver. Como, no entanto, sobre o nome há disputa, ele deve se chamar 'homo', pois foi feito de *humus* (terra)'. (Heidegger, 1995, p. 263-264 *Apud* Ayres, 2011, p. 43-44).

De acordo com Gutierrez e Minayo (2008), uma das grandes contribuições para o campo das concepções do cuidado — a partir do pensamento de Heidegger — são as de Leonardo Boff.[2] Ele realiza uma leitura que parte da fábula de Higino, compreendendo o cuidado em seu sentido de cura e enquanto atitude, preocupação e desvelo. Há uma apreensão de que os "elementos cognitivos e afetivos aparecem assim integrados na noção de cuidado, porém com ênfase nos últimos que se ligam à capacidade de sensibilização do sujeito" (Gutierrez; Minayo, 2008, p. 2).

Já para Waldow (2008), o cuidado é uma ação moral permeada por valores e sentimentos. Além disso, é um fenômeno existencial, relacional e contextual: "existencial porque faz parte do ser, se revela na coexistência dos outros seres; contextual porque assume variações, intensidades, diferenças nas maneiras e expressões de cuidar conforme o meio em que ocorre". (Waldow, 2008, p. 86)

> O ser humano é um ser de cuidado; o ser nasce com este potencial, portanto, todas as pessoas são capazes de cuidar e necessitam, igualmente, de serem cuidadas. Porém, esta capacidade será mais ou menos desenvolvida de acordo com as circunstâncias, dependerá da forma como as pessoas foram cuidadas durante as etapas da vida. Vários fatores intervêm neste processo: ambiente, cultura, economia, política, religião, entre outros (Waldow, 2008, p. 87).

Nesse sentido, o pensamento de Heidegger explica a necessidade dos atos, das ações e das razões do cuidado enquanto atividade em uma perspectiva existencialista fenomenológica. Para uma maior compreensão, é preciso, de forma breve, abordar sobre o Ser que habita o cuidar.

Waldow (2008) destaca que o Ser diz respeito a alguém que irá se tornar algo, ou seja, "vir a ser". "O homem é entendido como um projeto inacabado, um 'sendo' que se interroga acerca do ser, entidade

---

2. "Essa concepção é assumida por vários autores (Ribeiro, 2001; Costa, 2004; Alves; Guljor, 2006; Ayres, 2006; Lacerda; Valla, 2006) que veem nela as matrizes filosóficas que orientam novas práticas em saúde" (Gutierrez; Minayo, 2008, p. 2).

que está em condições de refletir sobre seu próprio ser. A presença é o ente do ser, e o sentido existencial da presença é a cura ou cuidado" (Waldow, 2008, p. 88).

A característica principal que Heidegger apresenta em relação à descoberta do existir humano é o "sendo-com-os-outros", ou seja, "o ser humano só pode definir-se a partir do seu existir, de sua possibilidade de ser ou não ser o que ele é" (Waldow, 2008, p. 88). É esse ser-no-mundo que corresponde à solicitude, caraterizado pela forma de agir, sentir e pensar na relação com os outros indivíduos. O cuidar, ao relacionar-se "com outro é a estrutura fundamental do ser-aí" (Waldow, 2008, p. 88-89).

> Cuidar se expressa pela relação com o outro dentro do mundo. Existencialmente falando, significa "zelar"; é o desvelar do outro, orientado pela consideração e paciência. O cuidar põe em evidência o ser livre. O ser humano sem "cuidado" não pode ser livre. As duas partes envolvidas na relação, ser cuidado e cuidador, contribuem para ele; existe responsabilidade, compromisso. O cuidado deve ser, de alguma forma, completado no outro para assim ser descrita como uma relação de cuidado. A relação é o reconhecimento do encontro humano que implica uma resposta afetiva (Waldow, 2008, p. 89).

Já para Ayres (2011), Heidegger propõe o "cuidado como a categoria que mais expressamente consegue nos colocar em sintonia com esse plano de imanência, sem começo nem fim, no qual o ser humano resulta de sua ocupação de si como resultado de si" (Ayres, 2011, p. 49). Com isso, há um sentido para a existência, uma causação, mas não no sentido causalista em que algo determina anteriormente o sucesso ou insucesso. Podemos, assim, compreender o sentido da causação na ontologia existencial através da ideia de "responsabilizar-se".

> A responsabilidade tem aqui o duplo e, de novo, inseparável sentido de *responder por si e responder para si* (Grondin, 1999). Cuidar não é só projetar, é um projetar responsabilizando-se; um projetar *porque* se

responsabiliza. E não é por outra razão que Saturno concede ao cuidado a posse da sua criatura *porquanto e enquanto* se *responsabilizar* por sua existência (Ayres, 2011, p. 49).

Antes de seguirmos com as demais categorias, é necessário assinalar as diferentes concepções ontológicas em Heidegger e Lukács, uma vez que há distinções filosóficas radicais entre ambos os autores em se tratando do ser. Destaca-se que Heidegger é considerado por Lukács como irracionalista[3]. Nesse sentido, Heidegger se ocupa da ontologia fundamental e do pensamento do Ser, enquanto Lukács localiza "a ontologia no centro da problemática filosófica, elaborando a partir de Marx uma teoria do ser social ancorada num pensamento do ser e de suas categorias" (Tertulian, 2013, p. 45).

Para o pensamento de Heidegger, o "conceito de 'ser' é indefinível. Essa é a conclusão tirada de sua máxima universalidade" (Heidegger, 2015, p. 39). Logo, esse Ser existe em si mesmo, não considera a autonomia ontológica do movimento do mundo exterior. Lukács faz uma leitura completamente diferente, na qual considera a autonomia ontológica do mundo como pilar para a reflexão, sendo que sem o ser-em-si mesmo não se pode compreender a gênese da práxis humana (Tertulian, 2013).

As concepções de ser e mundo diferem-se de forma incomparável, sendo que, para Lukács, a concepção de mundo está permeada por diversos fatores causais, não estando isolada dos múltiplos complexos. A compreensão de Lukács está centrada no trabalho enquanto tese fundamental. Já Heidegger limita-se a uma "zona originária da experiência, anterior a todo esforço reflexivo, que ele define como 'preocupação cuidadosa com o mundo' (das *Besorgen*),

---

3. "A democracia formal do liberalismo, privatizando o homem, acentuando a separação entre o cidadão e o burguês, entre as massas e as 'elites', propiciando a concentração do poder, a corrupção, a manipulação política, o esvaziamento da vida pública e a mutilação da personalidade humana, contribui para uma representação filosófica individualista, que, a exemplo de Heidegger, afirma a angústia do indivíduo privado e fetichizado em face de uma existência nadificada" (Lukács, *apud* Barroco, 2013, p. 259).

enraizada na dimensão existencial fundamental do 'Cuidado' (*Sorge*)" (Tertulian, 2013, p. 48).

> Lukács, assim como Heidegger, é movido pela vontade de recuar às situações originárias do ser-no-mundo. Mas enquanto Lukács faz do trabalho o momento capital da emergência da hominização (seguindo de perto Hegel e Marx), Heidegger não o evoca como momento constitutivo de sua ontologia do Dasein, focando antes suas análises numa disposição afetiva fundamental, num *Existenzial* (nesse caso, o Cuidado, *die Sorge*), o que implica um esvaziamento dos fortes momentos objetivos na relação originária do homem com o mundo (Tertulian, 2013, p. 48).

Por fim, Heidegger

> Ocultando o lugar central do trabalho na gênese da especificidade do gênero humano (ou, na linguagem heideggeriana, da ontologia do *Dasein*), o autor de *Ser e tempo* priva-se da possibilidade de considerar a dialética das relações entre as determinações do mundo objetivo e os atos intencionais da consciência, o trabalho sendo justamente o espaço geométrico dessas interações, a atividade em que a subjetividade é confrontada por vocação com a aspereza e a substancialidade de uma realidade que a transcende. Heidegger esvazia o problema da realidade do mundo exterior e reivindica ao mesmo tempo, como um título de glória, a abolição da dicotomia sujeito-objeto — privando-se com isso da possibilidade de propor uma verdadeira fenomenologia do trabalho. Lukács, ao contrário, debruça-se com atenção extrema sobre o que considera o elo capital na transição para o *humanitas do homo humanus*, identificando no trabalho a pedra angular para a inteligibilidade do ser social (Tertulian, 2013, p. 48-49).

A segunda categoria abordada por Ayres (2011) é a genealógica. Nessa análise, Michel Foucault é sua grande referência teórica. A tese parte da análise de que a moral sexual vitoriana não apresentava uma cultura de sublimação da sexualidade, mas, ao contrário "constituía o ápice de um processo de crescentes interesses e intervenção sobre o assunto, Foucault localiza, em torno do século II da Era Cristã, a emergência de uma 'arte da existência' inteiramente nova". Essa arte da existência foi denominada de "cuidado de si" (Ayres, 2011, p. 50).

Em sua coletânea, *História da Sexualidade*, especificamente no volume 3, Foucault aborda a perspectiva do "cuidado em si", definindo-o como um movimento de construção, manutenção e transformação das identidades dos indivíduos em um período da civilização cristã, entendidas por ele enquanto "tecnologias do si". Nesse processo, o "conhecimento de si, imperativo de qualquer civilização que possamos conceber, passa a especificar, nesse caso particular, formulações do tipo: Que *fazer* de si mesmo? Que *trabalho operar* sobre si?" (Foucault, 1997 Apud Ayres, 2011, p. 51).

Foucault (2005) caracteriza essa "cultura de si" enquanto arte da existência, — "a *techene tou biou* sob as suas diferentes formas —, na qual se tem por princípio o "ter cuidados consigo". Para o autor, é nesse caminho que o cuidado de si se encontra enquanto uma necessidade, comandando o seu desenvolvimento e organizando sua prática (Foucault, 2005, p. 49).

> Foucault aponta a ideia de *ocupar-se consigo* é bem antiga na cultura grega, estando presente, conforme relato de Plutarco, já no ideal do cidadão espartano de treinamento físico e guerreiro em detrimento do cultivo da terra. Ou na afirmação de Ciro, segundo Xenofonte, de que toda a glória decorrente dos grandes feitos de um homem de nada valiam se fosse à custa do sacrifício do ocupar-se consigo mesmo. Sustenta, contudo, que, até então, este ocupar-se a si tinha a conotação de uma prerrogativa (de alguns), ou mesmo de um privilégio, uma dádiva. Mostra, então, que é com o Sócrates do "Alcebíades", ou da "Apologia", que esse ocupar-se de si ganha a forma de cuidado de si, adquirindo progressivamente "as dimensões e formas de uma verdadeira 'cultura de si'" (Ayres, 2011, p. 51-52).

Foucault (2005) denomina essa temática de "arte da existência", tendo, ao longo do seu desenvolvimento, uma abordagem que visa a superação de sua perspectiva filosófica inicial, adquirindo processualmente dimensões e formas de uma verdadeira "cultura de si". Logo, por meio dessa expressão é que se pode compreender a amplitude que o princípio do cuidado de si adquiriu:

> O preceito segundo o qual convém ocupar-se consigo mesmo é em todo o caso um imperativo que circula entre numerosas doutrinas diferentes; ele também tomou a forma de uma atitude, de uma maneira de se comportar, impregnou formas de viver; desenvolveu-se em procedimentos, em práticas e em receitas que eram refletidas, desenvolvidas, aperfeiçoadas e ensinadas; ele constituiu assim uma prática social, dando lugar a relações interindividuais, a trocas e comunicações e até mesmo a instituições; ele proporcionou, enfim, um certo modo de conhecimento e a elaboração de um saber (Foucault, 2005, p. 50).

Nessa perspectiva teórica, a arte de viver desenvolveu-se como um aperfeiçoamento para a alma através da razão, buscando a melhor forma possível de se viver, pautados nos princípios do platonismo. Para os epicuristas, o cuidado de si direcionou-se como recurso para se obter e garantir a "saúde da alma". Entretanto, para Foucault, a elaboração filosófica mais acabada foi a de Epictero, definindo o ser humano como "*o ser a quem foi confiado o cuidado de si* (Foucault, 2002, p. 53), recebendo de Deus, com essa finalidade, a faculdade da razão". Portanto, a razão possibilita o aperfeiçoamento da alma, sendo, esta, uma regra para todos os homens (Ayres, 2011, p. 52-53, grifo do autor).

O cuidado de si constitui-se como atributo e necessidade universal dos seres humanos, "regido por princípios de escopo e responsabilidades absolutas individuais. Não mais um prazer ou uma prerrogativa, não cuidar-se é sucumbir, e para não sucumbir era preciso conhecer a *verdade* que a razão a todos podia dar acesso" (Ayres, 2011, p. 53). Vê-se, portanto, um conjunto de ações na busca do cuidado de si, que não se limitam apenas a uma mera preocupação, mas se colocam como um conjunto de ocupações, um labor. Essa vinculação com o labor está localizada na Medicina, na tecnologia do cuidado, em um saber instituído que proporciona o cuidado para o corpo.

> Esta vinculação com o labor, com essa atividade relacionada às necessidades vitais com a *vita activa*, conforme Arendt (1981), estabeleceu precocemente uma correlação muito estreita entre o cuidado de si e a Medicina. Embora não fosse uma preocupação exclusiva sua, não há dúvida de que o conjunto de atividades que constitui o labor implicado no cuidado de si — exercícios, dietas, regimes de sono e vigília, atividade sexual, cuidados corporais meditações, leituras etc. — serão formulados principalmente por médicos. Se somarmos a isso que o restabelecimento da saúde é também parte dos imperativos do cuidado de si, maior razão é também parte dos imperativos do cuidado de si, maior razão teremos em atribuir à Medicina o papel de grande responsável pelo desenvolvimento da *epimeleia heautou*. Galeno (129-199) é aqui a figura paradigmática. Ao galenismo não apenas pode ser creditado grande parte do desenvolvimento das tecnologias do cuidado de si (Foucault, 2002) como, na mesma direção e em sentido inverso, a ele se deve forte e influente identificação da Medicina ocidental ao racionalismo individualizante e intervencionista que marca tais tecnologias. Com efeito, a partir de Galeno o alcance da saúde passou a depender, de um lado, do diagnóstico de *cada constituição individual*, apreendida por meio da aplicação racional e sistemática de categorias que expressam *leis universais da natureza* (teoria dos humores) e, de outro lado, de uma ativa intervenção do médico sobre os fatores perturbadores ou obstaculizadores do melhor arranjo desta constituição (Ackerknecht, 1982; Sigerist, 1990). (Ayres, 2011, p. 54, grifo do autor)

Por fim, cabe assinalar que, segundo Lukács, todos aqueles que são críticos da modernidade, em destaque, da razão moderna e de suas possibilidades de conhecimento e superação, são considerados irracionalistas[4]. Assim como Heidegger, o próprio Foucault também é

---

4. "Como ideologia, o irracionalismo contribuiu, nas condições históricas do nazifascismo, para disseminar o pessimismo, o imobilismo, o desprezo da razão, a glorificação da intuição, a

identificado como um irracionalista devido as suas concepções teóricas e filosóficas que reduzem a realidade a uma perspectiva simplista e subjetiva. Segundo Harvey (2011, p. 50), Foucault fica preso às relações de poder das micropolíticas e não as relaciona com o domínio de classe, além de concluir que existe uma íntima relação entre "os sistemas de conhecimento ('discursos') que codificam técnicas e práticas para o exercício do controle e do domínio sociais em contextos localizados particulares".[5]

> A prisão, o asilo, o hospital, a universidade, a escola, o consultório do psiquiatra são exemplos de lugares em que uma organização dispersa e não integrada é construída independentemente de qualquer estratégia sistemática de domínio de classe. O que acontece em cada um deles não pode ser compreendido pelo apelo a alguma teoria geral abrangente; na verdade, o único irredutível do esquema de coisas de Foucault é o corpo humano, por ser ele o "lugar" em que todas as formas de repressão terminam por ser registradas (Harvey, 2011, p. 50)

Já para Bravo e Menezes (2011) e Bravo (2011), essa concepção do autocuidado, ou cuidado de si, promove a responsabilização do indivíduo pela sua própria saúde, além de estimular os sujeitos

---

visão do mundo aristocrática, a repulsa pelo progresso social e mitomania, e propiciou a transferência dos conflitos para o campo do imaginário, a dissimulação das contradições sociais, de seus nexos e mediações, a naturalização de suas consequências, o empobrecimento da crítica. Ao se transformar em ideologia, o irracionalismo assume formas variadas, mas de forma geral, além das características citadas anteriormente, suas diversas expressões têm em comum a desvalorização da verdade objetiva e da perspectiva de totalidade, a subjetivação da história, o individualismo, o agnosticismo, o ecletismo, o pessimismo, a negação da ideia de progresso, da igualdade, do devir, do humanismo. O irracionalismo exerce, como ideologia, uma função de enfrentamento dos conflitos, na óptica dos interesses de manutenção da sociabilidade burguesa; ao transferir o enfrentamento dos conflitos para a subjetividade dos indivíduos, fetichizando suas formas de representação, contribui para a disseminação e o ocultamento de essência da realidade, para a naturalização da desigualdade estrutural da ordem burguesa, constrói uma cultura anti-humanista e passiva e, de modos diversos, afirma a ordem burguesa como o fim da história, engando a práxis social". (Barroco, 2013, p. 262)

5. Aqui não estamos negando as contribuições de Michel Foucault para outras temáticas. Entretanto, trazemos a crítica a sua análise acerca do cuidado de si a partir de uma de suas obras.

para que busquem alternativas fora do sistema de saúde, ou seja, fora do Estado e dos direitos sociais conquistados. Tudo isso está vinculado à fragmentação e individualização das responsabilidades estatais ou coletivas, designando para os sujeitos todo o encargo do provimento do seu próprio cuidado. Esse debate é aprofundado mais adiante quando tratamos do cuidado feminino e os novos arranjos familiares.

A categoria crítica, terceira apresentada por Ayres (2011), é um dos planos para se aproximar da questão do cuidado, tendo o objetivo de apresentar a interação nas práticas de saúde e a sua institucionalização na realidade contemporânea. Embora o autor resgate Foucault para problematizar a Medicina nas sociedades capitalistas — que tem uma função normativa dos saberes e dos poderes na saúde —, o recorte analítico segue a problematização das transformações da Medicina contemporânea.

Cabe assinalar que, desde meados do século XIX, a racionalidade tem orientado os parâmetros normativos da saúde pública, passando a manter seu horizonte estritamente científico, orientando-se progressivamente para uma gestão individual do cuidado com o corpo. As tecnologias de saúde interveem diretamente sobre os corpos, criando padrões e formas de comportamento aos quais os indivíduos precisam submeter-se para serem disciplinados e regulados pelos detentores do saber e do poder, ou seja, os médicos (Ayres, 2011).

Para esse autor, a Medicina contemporânea apresenta recentes transformações que a direcionam para uma progressiva cientificidade e avanço tecnológico, entretanto, perpassam por ela efeitos positivos e negativos. Em relação aos efeitos positivos, identificamos importantes avanços em relação à aceleração e ampliação do diagnóstico, a progressiva precocidade da intervenção terapêutica, a expansão da eficácia, eficiência, precisão e segurança de diversas intervenções, melhora do prognóstico e qualidade de vida dos usuários mais severos. Como contrapartida, há a tirania dos exames complementares, a segmentação dos usuários em órgãos e funções e a não percepção dos aspectos psicossociais, o encarecimento dos procedimentos etc.

Diante dessa realidade, Ayres (2011) realiza uma reflexão acerca do que está posto para a Medicina, alertando que ocorre, atualmente, uma "crise de confiança" relacionada à insegurança produzida diante do progresso tecnológico, no sentido da sua adequação à prática e a correção moral nas ações terapêuticas. Isso significa que, além dos demais problemas, tem-se uma "progressiva incapacidade das ações de assistência à saúde de se provarem racionais, de se mostrarem sensíveis às necessidades das pessoas e se tornarem cientes de seus próprios limites" (Ayres, 2011, p. 58).

> Uma resposta frequente ao problema, apoiada na tradicional visão da assistência à saúde como misto de ciência e arte, é a de que o problema estaria num suposto esquecimento da dimensão da arte. Haveria muita tecnologia científica e pouca arte na Medicina contemporânea — muita tecnociência porque pouca arte, ou pouca arte porque muita tecnociência (Ayres, 2011, p. 58).

Logo, a proposição hipotética do autor é de que a atual crise de legitimação da promoção do cuidado ofertado pela Medicina está relacionada à ausência de confiança nos alcances técnicos e éticos que resultam do afastamento da arte tecnocientífica. Ou seja, "é como se a terapêutica estivesse perdendo seu interesse pela vida, estivesse perdendo o seu elo de ligação entre seus procedimentos técnicos e os contextos e finalidades práticos que os originam e justificam" (Ayres, 2011, p. 59).

Torna-se necessário realizar o caminho de volta, para repensar a direção da assistência à saúde, lembrando que as tecnologias da saúde devem ser aplicadas para possibilitar o bem-estar físico e mental dos indivíduos. Todavia, apesar de existirem as tecnologias, os saberes, os instrumentos e os profissionais de saúde, o bem-estar não é viabilizado apenas pelo conhecimento técnico, segundo o qual o indivíduo que recebe esse cuidado também participa desse processo da gestão da assistência à saúde.

> Ora, se tecnologia não é apenas aplicação de ciência, não é simplesmente um modo de fazer, mas é também, enquanto tal, uma decisão sobre quais coisas podem e devem ser feitas, então nós temos que pensar sobre nós, profissionais de saúde, estamos construindo mediações, estamos escolhendo dentro de certas possibilidades o que devem querer, ser e fazer aqueles a quem assistimos — e nós próprios. Por outro lado, se assumimos também que as respostas necessárias para alcançar a saúde não se restringem aos tipos de pergunta que podem ser formuladas na linguagem da ciência, então a ação em saúde não pode se restringir à aplicação de tecnologias. Nossa intervenção técnica tem que se articular com outros aspectos não tecnológicos. Não podemos limitar a arte de assistir apenas à criação e manipulação de "objetos" (Ayres, 2011, p. 61).

Por fim, a quarta categoria do cuidado a ser retratada é a reconstrutiva, que tem por propósito refletir sobre as potencialidades reconciliadoras das práticas em saúde, através de um diálogo "aberto e produtivo entre a tecnociência médica e a construção livre e solidária de uma vida que se quer feliz". (Ayres, 2011, p. 63).

Nesse caminho, o que está sendo proposto pelo autor é a interação entre a tecnologia e a vida, não se limitando apenas a uma intervenção terapêutica estritamente técnica, mas entendendo o cuidado como saber que não se restringe à ciência e à tecnificação de um saber instituído. Entretanto, existe uma relação entre o exercício subjetivo e a criação das práticas cotidianas, ou seja, "o saber que se realiza aqui (se deixarmos) é algo que na filosofia aristotélica é chamado de *phrónesis*, ou sabedoria prática, um tipo de saber que não cria objetos, mas constitui sujeitos diante dos objetos criados no e para seu mundo" (Gadamer, 1991, Apud Ayres, 2011, p. 63).

Isso permite que outro saber se coloque para as práticas assistenciais em saúde, assumindo tanto a saúde quanto a doença enquanto modos de "ser-no-mundo". Logo, é preciso repensar as tecnologias que vêm sendo utilizadas e colocadas como hegemônicas na assistência à saúde, permitindo que outros conhecimentos, não universais, sejam participantes das ações assistenciais para que o real cuidado possa ser efetivado (Ayres, 2011).

> Trata-se de uma sabedoria que não cria produtos, não gera procedimentos sistemáticos e transmissíveis, não cria universais, posto que só cabe no momento em que os seus juízos se fazem necessários. Quando o cientista e/ou profissional da saúde não pode prescindir da ausculta do que o outro (o paciente ou os grupos populacionais assistidos) deseja como modo de vida e como, para atingir esse fim, pode lançar mão do que está disponível (saberes técnicos inclusive, mas não só, pois há também saberes populares, as convicções e valores pessoais, a religião etc.), então de fato já não há mais objetos apenas, mas sujeitos e seus objetos. Aí a ação assistencial reveste-se do caráter de Cuidado (Ayres, 2011, p. 63-64).

Já para Merhy (1999), o objetivo que se quer alcançar não é a cura nem a promoção e proteção da saúde, mas, acima de tudo, a produção do cuidado. É no campo da saúde que se instituiu o lugar que agrega práticas e técnicas cuidadoras, determinadas socialmente, tendo o modelo médico como saber consagrado e hegemônico ao longo dos séculos. Apesar de a Medicina ser dominante, ainda é possível construir e identificar outras formas e ações de promoção de assistência em saúde.

No cotidiano da assistência, para se alcançar as finalidades projetadas, é necessário que se reúna um "conjunto dos atos [que] produzem formato do cuidar"[6] (Merhy, 1999, p. 1). Esse conjunto de atos agrega uma composição de caixas de ferramentas, que compreendem "os saberes que se dispõem para a ação de produção dos atos de saúde",

---

6. O conjunto dos atos possuem distintos modos: "como atos de ações individuais e coletivas, como abordagens clínicas e sanitárias da problemática da saúde, conjugam todos os saberes e práticas implicados com a construção dos atos cuidadores, e conformam os modelos de atenção à saúde" (Merhy, 1999, p. 1).

utilizadas pelos diversos trabalhadores no intuito de promoverem o cuidado (Merhy, 1999, p. 1).

Todavia, no cotidiano dos serviços de assistência à saúde, operacionalizar uma atenção voltada para as pessoas pelos princípios dos atos cuidadores tem sido extremamente desafiador devido às tensões existentes. Para Merhy (1999), tais tensões são próprias dos processos de produção de saúde e dos atos produtivos. Destacam-se, aqui, duas tensões:

1. A lógica da produção dos atos de saúde como procedimentos e a da produção dos procedimentos enquanto cuidado, como, por exemplo, a tensão nos modelos médicos centrados em procedimentos, sem compromissos com a produção da cura;
2. A lógica da produção dos atos de saúde como resultado das ações de distintos tipos de trabalhadores para a produção e o gerenciamento do cuidado e as intervenções mais restritas e exclusivamente presas às competências específicas de alguns deles, como, por exemplo: as ações de saúde enfermeiro centradas ou médico centradas, sem ação integralizada e unificada em torno do usuário, ou a clínica restrita do médico e procedimento centrada e os exercícios clínicos de todos os trabalhadores de saúde (Merhy, 1999, p. 1-2).

Para pensar essas tensões, retomamos Ayres (2011), no que diz respeito ao cuidado enquanto categoria reconstrutiva. O sentido da revalorização de uma sabedoria adquirida no cotidiano seria uma das possibilidades para pensar a tarefa e o compromisso real do cuidado. Isso não é uma tarefa fácil, pois não há um reconhecimento e valorização dos saberes não técnicos, ficando no esquecimento ou na esfera da "crendice popular". Esse desprezo, para o autor, significa uma rejeição à participação do indivíduo que está sendo assistido, uma vez que seu saber é ignorado, não permitindo sua participação para a efetivação do cuidado.

É fundamentalmente aí que está a importância do Cuidar nas práticas de saúde: o desenvolvimento de atitudes e espaços de genuíno encontro intersubjetivo, de exercício de uma sabedoria prática para a saúde, apoiados na tecnologia, mas sem deixar resumir-se a ela a ação em saúde. Mais que tratar de um objeto, a intervenção técnica se articula verdadeiramente com um Cuidar quando o sentido da intervenção passa a ser não apenas o alcance de um estado de saúde visado de antemão, nem somente a aplicação mecânica das tecnologias disponíveis para alcançar este estado, mas o exame da relação entre finalidades e meios, e seu sentido prático para o paciente, conforme um diálogo o mais simétrico possível entre profissional e paciente (Ayres, 2011, p. 64-65).

Para que de fato possa efetivar-se, é necessário que os fundamentos e os princípios da saúde não permaneçam restritos às ciências biomédicas. Apesar das diferenças existentes entre saberes, pressupostos e métodos, um trabalho de reconstrução das práticas em saúde precisa ser buscado para que se dê espaço à busca de outras tecnologias. Portanto, tais preocupações direcionam-se para reflexões que propõem a reconstrução das práticas de saúde através de inovações que possibilitem uma maior relevância no cuidado em saúde (Silva Jr., 2001. *Apud* Ayres, 2011).

Concluindo, sinalizo que os novos rearranjos das tecnologias da saúde já estão sendo redirecionados pelos princípios do acolhimento, da responsabilização e do vínculo, pautando novas formas de gestão das práticas do cuidado. Essa reorientação já tem sido adotada na política de saúde, na política de humanização e na política de saúde mental, perpassando a formação dos novos profissionais e das direções institucionais dos dispositivos de saúde. Dessa forma, tais mudanças representam novas interfaces dialógicas no sentido das transformações das práticas em saúde. Contudo, torna-se necessário avançarmos com análises a partir da contribuição do materialismo histórico dialético, a fim de problematizarmos as novas configurações do cuidado no cenário contemporâneo e que ultrapassam as concepções do cuidado em saúde.

## 1.2 Teorias do *Care*

Em português, a palavra *care* significa cuidado, preocupação com o outro, desvelo, diligência, atenção. Mesmo permanecendo por muito tempo escondido no espaço de reprodução e designado como atributo específico das mulheres, o *care* vem ocupando espaços na agenda política e sendo retomado no debate acadêmico dos últimos anos, principalmente a partir dos anos 2000 na França, e no Brasil e América Latina, mais recentemente.

> No Brasil e nos países de língua espanhola, a palavra cuidado é usada para designar a atitude; mas é o verbo *cuidar*, designando a ação, que parece traduzir melhor a palavra *care*. Assim, se é certo que *cuidado*, ou *atividade do cuidado*, ou mesmo *ocupações relacionadas ao cuidado*, como substantivos, foram introduzidos mais recentemente na língua corrente, as noções de "cuidar" ou de "tomar" conta têm vários significados, sendo expressões de uso cotidiano. Elas designam, no Brasil, um espectro de ações plenas de significado nativo, longa e amplamente difundidas, muito embora difusas no seu significado prático. O "cuidar da casa" (ou "tomar conta da casa"), assim como o "cuidar das crianças" (ou "tomar conta das crianças") ou até mesmo o "cuidar do marido", ou "dos pais", têm sido tarefas exercidas por agentes subalternos e femininos, os quais (talvez por isso mesmo) no léxico brasileiro têm estado associado a submissão, seja dos escravos (inicialmente), seja das mulheres, brancas ou negras (posteriormente)" (Guimarães; Hirata; Sugita, 2011, p. 154).

Em relação à relevância do *care* em um contexto internacional, ficou ainda mais evidenciada a preocupação dos organismos internacionais, a partir da publicação de um documento elaborado pela Comissão Econômica para a América Latina e o Caribe (CEPAL) emitido em 2010 e apresentado na XI Conferência Regional sobre a Mulher da América Latina e do Caribe, que ocorreu na cidade de Brasília, contendo em um dos capítulos a temática da "economia do *care*" e a definição de Joan Tronto — que será explicitada posteriormente —, a respeito dessa categoria. Para Hirata (2012), esse dado apresenta uma significativa importância acerca da temática das ocupações vinculadas ao cuidado no cenário contemporâneo.

> As teorias e os debates em torno do *care*, que datam de trinta anos no mundo anglo-saxão, em particular nos Estados Unidos, têm se desenvolvido bem mais recentemente, sobretudo de cinco anos para cá, na Europa, em particular na França, onde os primeiros livros sobre o *care* datam de 2005, e vêm suscitando interesse crescente na América Latina e na América Central. Há pesquisas que têm sido desenvolvidas em diferentes países, como o Chile, o México, a Argentina e a Nicarágua. Há ainda poucas pesquisas sobre o *care* no Brasil. (...) O conjunto desses estudos mostra a importância crescente assumida pelo *care* no mundo contemporâneo, importância que está associada, com certeza, em parte, ao envelhecimento crescente da população, envelhecimento rápido e acelerado, como no Japão, onde, em 2010, a população com mais de 65 anos foi quase 23%, segundo dados das Nações Unidas, sendo que, em 1970, contava com apenas 7% de idosos com mais de 65 anos. Envelhecimento mais recente e menos intenso, em torno de 7%, no caso do Brasil, 6,9% para ser mais exato, em 2010, segundo os mesmos dados das Nações Unidas. É importante dizer 6,9% em vez de 7%, porque existe, por parte das Nações Unidas, uma escala segundo a qual a população "em vias de envelhecimento" é considerada a partir de 7% de idosos com mais de 65 anos no país; uma sociedade "idosa" como aquelas que têm mais de 21%, e significa que, no caso do Japão, já se está em uma sociedade "super idosa". No caso do Brasil, basta ter mais um pouquinho e passar de 6,9% para 7% para ser classificada como uma sociedade em "vias de envelhecimento"; e, no caso da França, nós temos 17% de idosos, já, portanto, considerada uma sociedade "idosa". Pode-se dizer, então, que esse envelhecimento, embora recente, pode vir a se constituir em um problema muito sério no futuro próximo do Brasil (Hirata, 2014, p. 28).

De acordo com Hirata (2014), o *care* não é algo novo: o cuidar das crianças, a prestação de cuidados com os idosos, a organização da casa e afazeres domésticos, além de outras funções, tudo isso pertence à vida cotidiana. Entretanto, ao longo do tempo, esse tipo de trabalho vem sendo profissionalizado. Pode-se dizer que a promoção do bem-estar passou a ser executada a partir de múltiplas profissões: babás, empregadas domésticas, faxineiras, no campo da saúde com a técnica e a auxiliar de enfermagem, e outras ocupações.

No que se refere à definição do *care*, para Hirata (2010, p. 48) ele seria o "tipo de relação social que se dá tendo como objeto outra pessoa". A promoção do *care* pode ser estabelecida de muitas formas, o que nos impossibilita de caracterizar uma dada maneira de cuidar: cozinhar para a outra pessoa é *care*, já que se está alimentando-a; dar banho é *care*; dar água é *care*. O *care* pode ser expresso de múltiplas maneiras — o que diferencia essa forma de operar o cuidado é a sua mercantilização, que demarca a hierarquia, a formação, a remuneração, as condições de trabalho etc. Destaca-se que a autora não distingue cuidado e *care* (Hirata, 2010, p. 48).

> O termo *care* é dificilmente traduzível, porque é polissêmico. Cuidado, solicitude, preocupação com o outro, estar atento a suas necessidades, todos esses diferentes significados estão presentes na definição do *care*. Os estudos filosóficos e de sociologia moral e política, sobretudo no mundo anglo-saxão, trouxeram contribuições importantes sobre a ética e a política do *care*. As pesquisas de sociologia do trabalho e de sociologia econômica começam também, muito recentemente, a produzir conhecimentos sobre os serviços às pessoas na realidade atual, tanto no mundo ocidental quanto nos países asiáticos, como no Japão, tanto nos países capitalistas desenvolvidos quanto nos países em vias de desenvolvimento, como no Brasil. O *care work* ou trabalho do *care*, embora diga respeito a toda a sociedade, é realizado principalmente pelas mulheres e a análise da divisão sexual do trabalho do *care* no interior da família e nas instituições de cuidados ainda está por fazer. A relação entre o *care work* remunerado e o *care* não remunerado (aquele dos membros da família) também deve ser melhor apreendida, pois a fronteira entre ambos é por vezes bastante tênue (Hirata, 2010, p. 43-44).

Apesar da amplitude dimensional e das múltiplas definições do *care*, Hirata (2010) considera importante estudar o que é o trabalho doméstico remunerado e suas implicações quando ele é profissionalizado. No Brasil, os estudos sobre o *care* e o *care work*[7] ficam centrados na sociologia.

É preciso considerar que não há apenas uma definição de *care*; ela é multidimensional para abarcar o "amplo campo de ações e atitudes" e as diversas hierarquias existentes em seu interior, em termos de profissionalização (formação, remuneração, recrutamento, promoção, condições de trabalho, reconhecimento etc.) e prestígio: cuidadoras da primeira infância, babás, empregadas domésticas e diaristas, técnicas e auxiliares de enfermagem, e agora, a nova figura de cuidadora ou profissional do *care*, que, no Brasil, por exemplo, ainda não se reconhece como tal. Para alguns, "existe um *continuum* entre cuidados médicos, os trabalhos dos cuidadores e o trabalho doméstico, pois todos contribuem para a promoção da saúde" (Tartuce, 2013, p. 371).

É importante assinalar que, na análise marxista, para se compreender um fenômeno e buscar as suas definições teóricas, é necessário identificar a sua forma de ser na realidade, o que determina quais as necessidades que se pretende atender e como se objetiva na vida social e no cotidiano. O que define e determina o fenômeno é a função social na divisão social do trabalho e as respostas às necessidades sociais dos indivíduos. Portanto, há limitações analíticas nas identificações que tratam o *care* enquanto uma dimensão multidimensional e que pertence meramente ao campo de ações e atitudes particulares e individuais. Logo, compreendemos os limites expressos pelas abordagens sobre o *care* que iremos apresentar, contudo achamos extremamente

---

7. Aqui nesta obra o *care* é tratado como trabalho do cuidado executado por mulheres, por isso não utilizamos o termo *care work* e nem o consideramos como cuidado, diferente de Hirata (2010, 2014). Para nós o cuidado é uma necessidade ontológica primária, enquanto que o *care* é a sua expressão contemporânea e executada através do trabalho feminino remunerado e não remunerado.

relevante apresentar algumas definições elaboradas por pesquisadores internacionais.

De acordo com Carol Thomas (2011), devido ao debate que vem sendo traçado na sociologia e na política social acerca da definição desse conceito, o *care* apresenta um duplo significado: o primeiro é no sentido de cuidar de alguém, ou seja, de realizar o trabalho de *care*, e o segundo trata de apreciar alguém, nesse caso, seria ter sentimentos de afeto por uma pessoa. Segundo Thomas, o conceito de cuidados hoje apresenta alguns problemas que anteriormente não eram notados.

Um aspecto central desse problema para a autora é a falta de concretude do significado da palavra *care*, que dá lugar a uma imagem parcial e fragmentada dos cuidados na sociedade. Isso ocorreria através da construção de definições de cuidado, que atravessam uma série de fronteiras diferentes da sua própria constituição. Logo, o sentido de *care* é definido através de determinadas relações sociais, o que exclui ou inclui outras formas de cuidado. Thomas (2011) afirma que os conceitos de cuidado são apresentados enquanto genéricos, só que na realidade são específicos e estão inscritos na esfera privada e pública.

Outro aspecto abordado diz respeito à compreensão teórica dos cuidados. Thomas (2011) problematiza se o *care* pode ser uma categoria teórica em si mesmo ou se ele pode ser tratado apenas pela sua realidade empírica, sendo submetido a sua análise em função de outras categorias teóricas. Para a autora, os cuidados "não são uma categoria teórica em si mesma, e sim, uma categoria empírica que deve ser analisada em função de outras categorias teóricas" (Thomas, 2011, p. 148)[8]. Nesse sentido, ela propõe um marco analítico para facilitar a desconstrução dos conceitos de cuidados que estão inter-relacionados.

O marco analítico definido por Thomas (2011) trata de compreender os cuidados a partir de blocos que são partes constituintes de um conceito total. Através das diferentes definições, ela apresenta sete

---

8. Tradução nossa.

dimensões combinadas que dão lugar a conceitos muito diferentes de cuidados. As sete dimensões são as seguintes:
1. A identidade social da pessoa cuidadora;
2. A identidade social da pessoa receptora de cuidados;
3. As relações interpessoais entre a pessoa cuidadora e a receptora de cuidados;
4. A natureza dos cuidados;
5. O domínio social na qual se localiza a relação de cuidados;
6. O caráter econômico da relação de cuidados;
7. O marco institucional na qual se prestam os cuidados (Thomas, 2011, p. 149-151)[9].

Tais dimensões apresentam a amplitude da definição de cuidados. Além disso, Thomas (2011) inclui algumas variáveis que possibilitam a construção de diversos conceitos e tipologias de *care* quando combinados. São elas: atividades de trabalho e de estados de afetos; a forma de prestação, seja ela remunerada ou não remunerada; por quem devem ser feitos os cuidados — em geral são as mulheres; define-se as pessoas que receberão os cuidados; a esfera na qual serão viabilizados e os diversos marcos institucionais.

Já para Carrasco (2014), o cuidado é descrito como um bem relacional. Para a autora, as necessidades humanas se satisfazem com uma série de bens, serviços e relações que, apesar da teoria econômica deter a perspectiva dominante, necessariamente não precisa passar pelo mercado. Há mecanismos que funcionam para além do mercado capitalista: autorreprodução, relações comunitárias cooperativas, redes familiares etc. Logo, os bens relacionais respondem às necessidades humanas básicas, sejam elas individuais ou sociais. E por responder às necessidades básicas é que esses bens vão sempre existir. Nessas relações de bem-estar relacional é que se localizam algumas dimensões como a confiança, a reciprocidade, a identidade. A autora considera

---

9. Tradução nossa.

o trabalho de *care* um bem relacional necessário à vida que precisa ser mais estudado.

Ao tratar o trabalho de *care* como um bem relacional necessário à vida, Carrasco (2014) apresenta características que considera essenciais para delinear o conteúdo e uma possível definição. Em primeiro lugar, estaria vinculado a algo natural e raramente conhecido e reconhecido, que é a vulnerabilidade física e psíquica das pessoas, independente do sexo, das idades e das condições, na qual todos os seres humanos se tornam absolutamente interdependentes uns dos outros, nos obrigando a estabelecer relações mútuas de cuidados. É do trabalho de *care* que torna possível nosso crescimento, socialização, constituição de uma linguagem, valores e identidade. Portanto, "o cuidado é universal (todos e todas o requerem) e inevitável (é absolutamente necessário para o desenvolvimento da vida)". (Carrasco, 2014, p. 52-53).[10]

Em segundo lugar, trata dos aspectos afetivos relacionais que não são levados em conta pelo mercado, diferenciando o trabalho de *care* nas esferas produtiva e reprodutiva. No mercado de trabalho, as relações mercantis eliminam as relações humanas despersonalizando-as, ferindo a pessoa que a produz e, por consequência, a sua relação. Logo, o resultado desse processo está contido no produto gerado (Carrasco, 2014).

> A partir destas características, a identificação do cuidado como bem relacional é absolutamente direta: trata-se de uma relação-interação entre pessoas concretas; existe uma reciprocidade compartilhada livre ou não, o que lhe confere uma grande fragilidade (na verdade, o tema dos cuidados é um grande temor das pessoas adultas); só tem lugar durante a relação; requer uma história temporal, uma relação que vai se construindo através do cuidado; é um grande valor social, tanto para a vida quanto para grande parte do bem-estar que depende dos cuidados; não pode atribuir-se um preço, justamente por isso que eu comentei sobre bens comerciais, a relação — sem negar que pode existir — não é

---

10. Tradução nossa.

igual se o cuidado é realizado sob relações capitalistas ou sob relações familiares (Carrasco, 2014, p. 53).[11]

Ressaltamos que o cuidado não é necessariamente uma relação boa, já que, em sua diversidade, ele também se expressa de forma desagradável, impositiva, obrigatória, desafetuosa, seja entre familiares ou pessoas com os mais diversos vínculos. Carrasco (2014) sinaliza que os fatores que contribuem para esse tipo de relação vinculam-se à ordem patriarcal que está presente nas sociedades. Para as mulheres, o cuidado é quase que obrigatório e por isso algumas sentem um sentimento de culpa quando não é realizado conforme se espera. Desse modo, no "cuidado fica impossível de separar as relações patriarcais daquelas que implicam reciprocidade ou dominação, pois, também no espaço extradoméstico, convive-se com relações de poder (capitalistas, patriarcais e outras) que dificultam as relações 'puras' de reciprocidade"[12]. Assim, existe uma série de limites para o cuidado como bem relacional (Carrasco, 2014, p. 54).

Segundo Orozco e Gil (2011), foi ao longo dos anos 1970 que se instalou o debate acerca do trabalho do cuidado. Naquele momento se tratava de trabalho reprodutivo ou de trabalho doméstico, mas não de *care*. Entretanto, ao ter introduzido na discussão o cuidado de pessoas, suscitou-se a necessidade de pensar a dimensão relacional, afetiva, comunicativa e subjetiva englobando em uma só área, mas não reduzindo cada uma delas.

Para as autoras é um desafio definir o conceito de cuidados na atualidade, posto que se trata de um campo excessivamente amplo e que parece incorporar qualquer tipo de relação humana. Todavia, ao sistematizar esse trabalho de forma objetiva, as características emocionais e afetivas tendem a se sobressair. Por ser extremamente multidimensional e complexo, ele precisa ser debatido.

---

11. Tradução nossa.
12. Tradução nossa.

Ao proporem uma definição do *care*, Orozco e Gil (2011, p. 20) evidenciam que cuidar é "gerir e manter cotidianamente a vida e a saúde, assumir o controle do bem-estar físico e emocional dos corpos, do próprio e dos outros"[13]. Todavia, existem pessoas que não possuem essa disponibilidade, necessitando de cuidados intensivos e/ou especializados, logo, elas demandam um nível mais alto de cuidado no cotidiano para o gerenciamento da sua saúde, do seu bem-estar físico ou emocional. Apesar de alguns demandarem mais cuidados específicos e de maior intensidade do que outros, não há uma pessoa sequer que não necessite de cuidados em algum momento do ciclo vital.

Ademais, ao tratarem do cuidado, as autoras apresentam quatro critérios que propõem dar um sentido concreto ao *care*: o primeiro destaca a importância de recuperar, no processo histórico, os postos de trabalho que foram invisibilizados conceitualmente e analiticamente e que se encontram atrelados ao espaço doméstico. O segundo ponto diz respeito à adoção de um modelo essencialista dos cuidados enquanto característica inerente às mulheres, o que impede a compreensão dos cuidados em um cenário mais amplo das relações de gênero nos distintos contextos sociais. O terceiro ponto trata de uma ideia de cuidados ligada à gestão da vida cotidiana que possibilite dar continuidade aos projetos pessoais. Por fim, o último ponto assinala que é preciso levar em consideração os contextos em que estão inseridos os sujeitos que necessitam de cuidados e aqueles que executam o trabalho de *care*, portanto, tudo isso atrela-se ao gênero, classe, origem, etnia etc. Nesse caminho, Orozco e Gil (2011) consideram que esses critérios oferecem pistas para construir uma análise crítica do cuidado.

Já em relação aos fundamentos que baseiam os conceitos e as teorias contemporâneas do *care*, faz-se necessário discutir a obra de duas teóricas consideradas precursoras dessa análise: Carol Gilligan e Joan Tronto. É preciso retomar as primeiras análises para compreendermos os diversos caminhos que estão sendo construídos sobre as teorias do *care* e seus possíveis desdobramentos.

---

13. Tradução nossa.

Carol Gilligan, feminista americana, psicóloga, nascida em 1936, especialista em Desenvolvimento Moral, professora na Harvard Graduarte School e em outras instituições, é autora de *In a Differente Voice: Psychological Theory and Women's Development* (Uma Voz Diferente: Psicologia da diferença entre homens e mulheres da infância à fase adulta[14]), publicado em 1982. Nessa obra, Gilligan realizou uma reflexão sobre a moral a partir da existência de duas formas distintas de decisões morais, que são igualmente válidas, mas possuem identidades diferentes: Masculina e Feminina. A perspectiva masculina é reconhecida e reproduzida por meio das relações sociais como a voz do padrão da moralidade, que é baseado nas noções de justiça, buscando o respeito aos direitos individuais e às normas universais. Já a voz feminina é denominada por Gilligan de a "voz diferente" da moralidade, pois está centrada na experiência da conexão entre as pessoas, pautada pelas responsabilidades de umas para com as outras (Kuhnen, 2014, p. 1).

> O ato de silenciar a voz diferente está vinculado a uma estrutura conceitual opressora e patriarcal que predomina na sociedade e não dá lugar para a perspectiva feminina na ética por considerá-la inferior. De acordo com Warren (1998, p. 14), a estrutura conceitual patriarcal, formada por um conjunto de crenças básicas, valores, atitudes e pressupostos, produz uma visão hierárquica e dualista de mundo, na qual os homens se consideram superiores por sua racionalidade e as mulheres são tidas como inferiores e associadas por eles aos sentimentos e à emoção. A hierarquização situa os homens no topo de uma cadeia de poder, a partir da qual eles subjugam tudo o mais que existe. Há uma lógica de dominação associada ao pensamento de valor hierárquico e dualista que, por meio de uma estrutura argumentativa, "justifica" a subordinação das mulheres e produz estruturas opressoras. Dentro dessa estrutura tem-se o estabelecimento de um sistema de valores que sanciona à subordinação. No caso da dominação de mulheres por homens, o valor mais fundamental é o

---

14. Título da edição em português publicada também em 1982.

da racionalidade — característica que se diz pertencer somente aos homens (Kuhnen, 2014, p. 2).

Como Gilligan foi assistente de Kohlberg, construiu sua posição crítica a partir da teoria do desenvolvimento moral, criada pelo seu mentor e baseada em uma pesquisa em que ele entrevistou homens e jovens brancos. Através dos resultados desse e de outros estudos, a autora realizou pesquisas empíricas com muitas gerações de mulheres e homens acerca das experiências de opção e conflitos morais — como, por exemplo, o dilema do aborto — e constatou que na decisão das mulheres pesquisadas aquilo que diz respeito à relação com o outro tem um impacto maior, ou seja, o aspecto relacional é o principal elemento para a tomada de decisão (Marinho, 2004, p. 73).

Uma das críticas apontadas por Gilligan a Kohlberg está relacionada às diferenças da ética da justiça e da ética do *care*, a partir do ponto de vista feminista, no que diz respeito à inferioridade atribuída ao *care* por estar na esfera do íntimo. Gilligan propõe uma ética alternativa[15], constituída a partir da experiência das mulheres, cuja centralidade é caracterizada pelo bem-estar do outro. Para Hirata (2014), essa oposição está estabelecida devido ao fato de a ética da justiça estar fundada sobre princípios racionais, abstratos, universais e a ética do *care* fundada sobre a experiência individual e irredutível, os sentimentos, o concreto e o relacional.

> Isso é central na maneira como Gilligan pensa o *care*, em oposição às ideias de desenvolvimento moral de Kohlberg e de outros autores dessa época. Se o *care* está no centro das construções femininas do domínio moral, como ela diz, os afetos, que são associados a ele a ponto de se transformarem em normas sociais sexuadas, tais como o sacrifício de si, a abnegação, o devotamento, devem ser rejeitadas (Hirata, 2010, p. 30).

---

15. "Gilligan propõe uma moral alternativa que se baseia sobre a experiência singular, irredutível, baseada no concreto e nos sentimentos. Sua afirmação de uma personalidade feminina e maternal diferente da dos homens deu lugar a uma polêmica sobre o 'essencialismo' de seu enfoque teórico" (Hirata, 2012, p. 284).

Para Gilligan, a identidade feminina, embora diferente da masculina, é construída desde a infância, proporcionando, consequentemente, uma necessidade da existência dessa lógica da ética do *care*, "centrada na realidade das relações interpessoais e que valoriza a responsabilidade, a capacidade de resposta que inclua o afeto, a atenção para com o outro" (Marinho, 2004, p. 75). Portanto, a autora se apoia numa compreensão muito mais ampla do humano, enquanto a ética da justiça fica restrita aos ideais de autonomia, independência e autossuficiência.

> Mas, então, o que distingue estes dois tipos de Ética? Segundo esta autora, é não só a quantidade, mas, também, a qualidade das relações entre as pessoas. Na sua abordagem, os direitos individuais, a igualdade perante a lei, o "jogo limpo", que constituem a matriz de uma ética da justiça, podem ser defendidos sem a criação de laços pessoais com os outros, visto que a Justiça é impessoal. Todavia, a sensibilidade para com os outros, a lealdade, a responsabilidade, o autossacrifício, refletem envolvimento interpessoal, preocupação, integração, fundamentais para a vida. A regra, por melhor que seja, é vazia, se não a habita o cotidiano humano. Na perspectiva da "Ética do Cuidado", as pessoas, ao permitirem aos outros sentirem dor, tornam-se, elas próprias, responsáveis por essa dor, constituindo imperativo a tomada de atitudes para a prevenir e aliviar" (Marinho, 2004, p. 75).

Apesar da ética da justiça e da ética do *care* possuírem diferentes prioridades e atitudes com o mundo, são produtos da divisão sexual do trabalho e da divisão entre público e privado, no que diz respeito às relações sociais. Para Mingol (2008), Gilligan rejeita a perspectiva de que o cuidado é biologicamente determinado para as mulheres, pois, para a autora, essa generalização do cuidado está relacionada às características psicológicas inatas à divisão sexual do trabalho, constituída historicamente. Portanto, resulta de um determinado modelo de prática social e de socialização do cuidado, pautado na ética da justiça e na ética do *care*.

Em relação às reflexões que surgiram após a publicação do livro de Carol Gilligan ocupam espaço os estudos elaborados por Joan Tronto, autora da obra *Moral Boundaries: A Political Argument for an Ethic of Care* (Limites Morais: um argumento político para uma ética do cuidado[16]), publicada em 1993. É ela que tem a apreensão do *care* como atividade laboral, sinalizando a desigualdade existente em sua execução e sua desvalorização.

> Essa hipótese coloca no centro dos debates as diferenças e as desigualdades segundo as dimensões de gênero, de classe social e de raça, e introduz, então, uma dimensão política em pleno coração da reflexão moral. Como ela introduz uma reflexão política a partir da noção de desigualdade e a partir da ideia do *care* enquanto atividade, ela está muito próxima, portanto, de uma reflexão que nós tentamos fazer coletivamente sobre o que é o trabalho de *care*, o que é o trabalho de cuidados (Hirata, 2014, p. 31).

Ao retratar moral e política de forma conjunta e articulada às desigualdades de gênero, classe e raça, Tronto possibilita redirecionar as dimensões centrais de análise, identificando o *care* não apenas como trabalho, mas na compreensão dos determinantes sociais que o envolvem. Tronto também localiza a desigualdade na distribuição dos cuidados e as diferenças de classe que os determinam, impossibilitando uma real efetivação da democratização do *care* (Hirata, 2012).

Ao analisar os trabalhos e as definições amplas do *care*, Tronto possibilita a apreensão dos aspectos políticos, morais e práticos, permitindo a substituição da autonomia/dependência pelo princípio da vulnerabilidade. Para a autora, todos somos "sujeitos e objetos do *care* e dependemos do *care* para existir" (Hirata, 2014, p. 31), ou seja, em algum momento ao longo da vida, todos os seres humanos serão dependentes de outro e também serão solicitados a proverem o cuidado a outros sujeitos, sendo sujeitos e objetos do *care*. "Significa

---

16. Tradução nossa.

que, como todos somos vulneráveis, somos todos responsáveis" (Hirata, 2014, p. 31).

Tronto, em seu artigo *Mulheres e Cuidados: o que as feministas podem aprender sobre a moralidade*, assinala que exercer o *care* implica em assumir algum tipo de responsabilidade e de compromissos contínuos, o que o torna um trabalho relacional. Para a autora, existe diferença em relação ao objeto e a forma de viabilizar o *care*, o que não é tão nítido nas relações sociais, já que os cuidados se ajustam conforme o gênero (Tronto, 1997).

> Podemos distinguir "cuidado com" de "cuidar de" com base no objeto dos cuidados. "Cuidado com" refere-se a objetos menos concretos; caracteriza-se por uma forma mais geral de compromisso. "Cuidar de" implica um objeto específico, particular, que é o centro dos cuidados. As fronteiras entre essas duas formas de cuidado não são nítidas como essas afirmações fazem subentender. Todavia, a distinção é útil para revelar algo sobre a maneira como pensamos sobre cuidados em nossa sociedade, porque se ajusta à forma como ela define os cuidados de acordo com o gênero (Tronto, 1997, p. 188).

Cabe assinalar que o trabalho de *care* para Tronto é regido pelo gênero, tanto no âmbito do mercado quanto na vida doméstica. O trabalho desenvolvido pelas mulheres, em geral, é aquele que envolve cuidados, além delas desenvolverem funções relacionadas ao cuidado no âmbito doméstico. "Para colocar a questão claramente, os papéis tradicionais de gênero em nossa sociedade implicam que os homens tenham 'cuidado com' e as mulheres 'cuidem de'" (Tronto, 1997, p. 189).

Em relação à desigualdade na distribuição da execução do *care* e de sua desvalorização, Tronto assinala que o trabalho de *care* é transferido dos mais ricos para os mais pobres, sendo marcado pela desigualdade de classe, gênero e raça. "As camadas mais privilegiadas, segundo ela, têm mais necessidades e os mais necessitados não dispõem nem de dinheiro, nem de tempo para cuidar de si mesmos" (Hirata, 2014, p. 32). Portanto, a autora denomina-o de irresponsabilidade dos privilegiados. "Desigualdades em face ao *care* e desigualdades econômicas estão relacionadas e reforçam os modelos de subordinação existentes" (Hirata, 2014, p. 32). De acordo com Hirata (2014), a estratégia apontada por Tronto para se pensar a desconstrução da desigualdade dos cuidados estaria na mudança política e em uma maior democratização, politizando o *care* e fazendo dele um valor de fato democrático[17].

Carol Gilligan destaca o aspecto ético do *care* e Joan Tronto apresenta questões políticas que envolvem o *care*. Foi através desse arcabouço teórico que algumas pesquisadoras francesas começaram a desenvolver seus estudos direcionados ao *care*, a partir de 2005, principalmente as sociólogas, as especialistas em sociologia moral e política, como Patrícia Paperman, ou filósofas, como Sandra Laugier, ou ainda psicólogas do trabalho, como Pascale Molinier (Hirata, 2012, p. 285).

> Tanto Tronto (2009) quanto as teóricas francesas do "care", como Paperman, Laugier e Molinier, partem de uma tese central de que todas essas categorias de pessoas são vulneráveis e que, na realidade, todos nós somos vulneráveis em algum momento das nossas vidas. Então, o "care" deveria ser destemporalizado, desgeneralizado, isto é, deveria dizer respeito a homens e mulheres, não apenas aos cuidadores formais e aos que têm como ofício e são remunerados para cuidarem, mas, também, atingir a todas as pessoas da sociedade, porque todos precisam de "care". E fazendo uma crítica feminista ao que é a realidade do "care", essas autoras dizem que este tem sido teorizado a partir da figura do homem branco, de profissões qualificadas, de classe média abastada, com saúde, na flor da idade. Portanto, o "care" é visto como alguma coisa só para pessoas idosas, deficientes, enfermos etc., quando, na realidade, nós não deveríamos ter como modelo essa figura do trabalhador homem, maduro, branco, qualificado etc. A base de reflexão seria o conjunto da humanidade, porque todos têm necessidade de "care" (Hirata, 2012, p. 285).

---

17. Para maior aprofundamento do assunto, buscar o artigo "Assistência Democrática e Democracias Assistenciais", publicado por Joan Tronto (2007).

Adiante, discutiremos algumas definições de *care* a partir de três autores: Pascale Molinier, que trata a ética e o trabalho do *care*; Angelo Soares, que aborda as emoções do *care*, e Viviane Zelizer, sobre a economia do *care*. Todos apresentam contribuições sobre a temática, partindo dos fundamentos de Carol Gilligan e Joan Tronto.

A fim de darmos prosseguimento às análises do *care*, destacamos a perspectiva da ética e do trabalho do *care* apresentada por Pascale Molinier. A autora elabora sua análise a partir da contribuição de Carol Gilligan, percursora das teorias do *care*. Entretanto, constrói suas pesquisas com base na teoria da psicodinâmica do trabalho.

> Minha disciplina de referência é a psicodinâmica do trabalho. Psicodinâmica significa que a investigação toma como centro da gravidade os conflitos que surgem do encontro de um sujeito, portador de uma história singular, e uma situação de trabalho cujas características são, em grande parte, fixadas independente de sua vontade. Essa definição implica uma teoria do sujeito e uma teoria do trabalho. A primeira refere-se à antropologia freudiana; a segunda, à ergonomia da língua francesa (Dejours, 1993). (Molinier, 2008, p. 7)

Para Molinier (2012), foi principalmente em Tronto, no que tange às análises posteriores à de Gilligan, que as vozes diferentes começaram a ter outras representações, que não fossem apenas a voz das mulheres, simbolizando todos aqueles que são diferentes e "cuja experiência moral baseava-se em atividades que consistiam em cuidar dos outros" (Molinier, 2012, p. 29).

Nessa perspectiva, busca-se desnaturalizar a duplicidade existente na voz diferente, tanto no sentido do *care* ser trabalho quanto como elemento que opera divisões sociais no grupo das mulheres, o que significa que nem todas estejam submetidas a esse trabalho. Logo, o trabalho de *care* está representado, não apenas pelos trabalhos especializados que possuem a preocupação com o outro em sua centralidade de operacionalizar suas ações, como é o caso das enfermeiras e das técnicas de enfermagem, mas também por trabalhos que possuem uma menor profissionalização e encontram-se vinculadas a uma noção de cuidado: babás, empregadas domésticas, faxineiras etc. (Molinier, 2012).

Molinier, no artigo denominado *A dimensão do cuidar no trabalho hospitalar: abordagem psicodinâmica do trabalho de enfermagem e dos serviços de manutenção*, realizou uma análise comparativa entre o trabalho das enfermeiras e daqueles que executam atividades de manutenção no hospital. O resultado apresenta a invisibilidade de ambos os trabalhos, destacando que não há formas de realizar uma captura da dimensão relacional dos cuidados, principalmente por parte dos modelos de gestão existentes (Molinier, 2008).

Ao longo do desenvolvimento da pesquisa, a autora constatou duas questões centrais: a primeira diz respeito ao modo como as enfermeiras e os técnicos de manutenção dividem a mesma preocupação, no sentido de proporcionar o bem-estar daqueles que se encontram internados no hospital. Já a segunda questão relaciona-se à desconstrução do sistema social de sexos, pautado em uma sensibilidade feminina ao sofrimento humano, mas considerada como uma preocupação daqueles que com ele trabalham. Logo, para Molinier (2012), o *care* está presente em todas as atividades de serviços, expressos a partir da noção de servir. Isso significa que, para a autora, ambas as funções apresentadas são trabalhos de *care*.

Além disso, segundo a autora, o *care* como ética ou trabalho é tratado com pouca representatividade e sob formas desvalorizadas, expressas pelas atividades subalternas, no sentido em que todos podem executar. Para buscar uma melhor compreensão acerca do *care* em termos "de experiência vivida, de invenção prática ou de improvisação moral no terreno movediço do trabalho e das interações corriqueiras" (Molinier, 2012, p. 30), Molinier destaca cinco descrições:

1. *Care* como *gentleness*: uma atenção particular, ajustada às necessidades do outro;
2. *Care* como *savoir-faire* discreto: a naturalização das competências e dos *savoir-faire* no registro da feminilidade, ou seja, naquilo que é

esperado das mulheres, possui como corolário o fato de que estes saberes, quando exercidos por homens — que serão, logo, gentis pacientes, atenciosos, discretos, delicados — são muito mais valorizados pois não são uma expectativa em relação a todos os homens. O resultado é que esse homem será considerado uma pessoa especial, uma pessoa excepcional que obterá, por conseguinte, maiores gratificações;

3. *Care* como trabalho sujo: apesar de melhor toleradas no espaço social, as atividades ligadas aos cuidados de saúde continuam pertencendo ao paradigma "trabalho sujo" na medida em que cuidar dos corpos somente seria respeitável à condição de calar os impulsos desses corpos, as pulsões, ou então de mascarar seu caráter perecível, putrescível;

4. *Care* como trabalho inestimável: o reconhecimento do trabalho, por seu valor estruturante da saúde mental, deve incidir sobre um trabalho que tenha sentido e um valor para a pessoa que o realiza. O valor do trabalho — no sentido ético do termo, não no sentido utilitarista — não é conferido de fora para dentro, por outrem. Ele depende antes de tudo do que é importante para nós, em função de um tecido de experiências que não se reduzem àquelas do trabalho assalariado. Esse tecido de experiências forma nosso mundo, o mundo no qual queremos viver. Ele ganha em consistência e se amplia cada vez que pode ser compartilhado, quando o trabalho é objeto de um julgamento de beleza, por exemplo. Mesmo que não seja decisivo no sentido de nossas vidas, mesmo que não seja condição para o sentido do que fazemos, o reconhecimento no trabalho é, entretanto, crucial, na medida em que necessitamos que o valor que lhe atribuímos seja compreendido e respeitado para conservar, ou, mais precisamente, para melhorar as condições de sua realização;

5. *Care* como narrativa política: politizar os relatos do *care* consiste em encontrar formas adequadas de dar ouvidos à voz diferente, para que ela consiga encontrar passagem em meio às representações estereotipadas da bondade feminina e da oblatividade materna. Pois essas representações possuem um peso cultural que sempre poderá calar certas vozes autênticas das mulheres (Molinier, 2012, p. 30-40).

Por fim, a tradução de *care* adotada por Molinier não é cuidado[18] e nem solicitude[19]. Para a autora, o *care*[20] é uma atividade, da vida, da saúde e das interdependências, na qual todos são provedores e beneficiários dele. "O *care* enfim é um trabalho social, no qual diferentes atores ocupam posições de poder, de decisão ou de execução distintas e conflitivas" (Molinier, 2012, p. 41). Para a autora, a ética do *care* é fundamental para dar visibilidade aos subalternos, aos negros, às mulheres etc., e para pensar acerca das responsabilidades relacionais existentes em uma sociedade de mercado no contexto de globalização.

Já Angelo Soares retrata as emoções do *care* a partir da análise de que "as atividades que definem o cuidar (*care*) compreendem tudo o que fazemos para manter, perpetuar e reparar nosso mundo de maneira que possamos viver tão bem quanto possível" (Soares, 2012, p. 45). Ou seja, há diferentes dimensões e funções que perpassam o trabalho de cuidar do outro, dependendo de quem seja a pessoa a ser o objeto do cuidado.

> Assumir o cuidado de uma criança, de uma pessoa idosa ou de uma pessoa com alguma limitação, por exemplo, não são, em absoluto, tarefas idênticas. Os atores que compõem essa relação são, dessa maneira, determinantes do tipo de interação que será estabelecida no trabalho

---

18. "Cuidado (*soin*) possui excessiva conotação médica no pensamento francês, especialmente no registro da ética. O recurso à palavra 'cuidado' reproduz as hierarquias abaladas no *care*: dominação e competência do cuidador, criação de uma categoria inflexível de 'vulneráveis' (sempre os outros). E, sobretudo, quem diz cuidado (mesmo com todas as precauções) diz doença, algo a tratar: a sociedade, ou alguns de seus membros, identificados como doentes, dependentes..." (Molinier, 2012, p. 41)

19. "A solicitude, por sua vez, remete a uma atitude moral compassional, sem referência ao trabalho que lhe dá uma atividade eficácia. A ideia de um trabalho ou de uma atividade está incluída no conceito de *care*." (Molinier, 2012, p. 41).

20. "A utilização do termo inglês, enfim, permite-nos dar visibilidade à filiação ao pensamento feminista. Aquilo a que chamamos 'a perspectiva do *care*' permanece, assim, centrado nas preocupações iniciais de Carol Gilligan em termos de ética do *care* e de Joan Tronto em termos de política do *care*." (Molinier, 2012, p. 42).

de cuidar. Trata-se de relações desiguais perpassadas por assimetrias socialmente estabelecidas de gênero, idade, classe social, raça e etnia, que se recobrem parcialmente, que implicam um exercício de poder e exigem qualificações específicas (Soares, 2012, p. 45).

Não é sempre que a pessoa que cuida conhece previamente o sujeito a ser cuidado. Soares (2012) vai dizer que há um encontro entre esses indivíduos, uma interação marcada não apenas pela presença física e verbal, mas também por ações. Nesse sentido, a partir dessa "interação, pode-se desenvolver toda uma história em comum, deflagrando-se uma sequência de interações no futuro. Nesse caso, para além da ocorrência de um encontro, tem-se o estabelecimento de uma relação entre quem cuida e quem é cuidado" (Soares, 2012, p. 45).

> Uma distinção importante, introduzida por Gutek (1995), deve ser feita entre encontro e relação, porque no setor de serviços podemos ter um encontro, ou seja, uma interação na coprodução de um centro de atenção visual e cognitiva, que pressupõe uma presença física, face a face, ou pelo menos um contato verbal, e uma influência recíproca entre os indivíduos e suas ações (Goffman, 1961). Por outro lado, podemos ter uma relação quando a interação se desenvolve e constrói uma história comum entre essas duas pessoas, que terão outras interações no futuro (Soares, 2014, p. 14).

Com a precarização do trabalho expressa no setor de serviços e aqui identificada, particularmente, no trabalho de *care*, uma série de desqualificações recaem sobre ele e impactam diretamente a interação entre a trabalhadora e o indivíduo para quem se proporciona o *care*. Soares (2014) identifica cinco dimensões que perpassam o trabalho de cuidar e que sofrem impactos diretos em um contexto de precarização:

1. Dimensão física: temos em mente, por exemplo, o esforço corporal mobilizado nos atos como deslocar, segurar, sustentar a pessoa que está sendo cuidada;

2. Dimensão cognitiva: ao tratar de um enfermo, por exemplo, é preciso conhecer a medicação que será administrada e observar seus horários, além de reconhecer diferentes sintomas clínicos;
3. Dimensão sexual: associada à utilização do corpo da trabalhadora na produção dos cuidados. Esse contato está presente em atividades como limpar excrementos, dar banho, colocar sondas, realizar a higiene de partes íntimas etc. Além disso, o componente sexual também se faz presente em aspectos ligados à apresentação dessas trabalhadoras. Ou seja, para obter um emprego e conservá-lo, elas devem, muitas vezes, ser atrizes sexualizadas, oferecendo uma imagem "agradável" ou mesmo "atraente". É preciso observar requisitos de aparência como não se mostrarem cansadas, enfeitarem-se e maquiarem-se — com cuidado, entretanto, de respeitar a "discrição" que é delas esperada;
4. Dimensão relacional: no trabalho de cuidar, as trabalhadoras utilizam o que Goffman (1967) define como qualificações sociais, isto é, "a capacidade de evitar o embaraço para si e para o outro". A diplomacia é outro exemplo de qualificação social "invisível", mas de grande importância no trabalho de cuidar;
5. Dimensão emocional: o trabalho exige frequentemente uma gestão da expressão das emoções, definida por Hochschild (1983 e 1993) como trabalho emocional — a compreensão, a avaliação e a gestão das próprias emoções, assim como das emoções do outro, para que o trabalho possa ser realizado (Soares, 2012, p. 46-49).

Todas essas dimensões possuem uma intersecção entre si, contudo, a dimensão emocional tende a sofrer uma maior sobrecarga por ser central. Para Soares (2014), não há uma imparcialidade em relação à promoção de um cuidado igual para todos, já que, ao estabelecer relações, os seres humanos também colocam emoções sobre essas relações, logo, "não existe relação humana sem emoção" (Soares, 2014, p. 22).

Finalmente, deve ser considerada a divisão sexual e emocional do trabalho em relação às diferenças de gênero: "aos homens, delegam-se as tarefas que lhes exigem que sejam agressivos, duros, rudes e frios etc." (Soares, 2012, p. 52). Já às mulheres, "confiam-se as tarefas que exigem a delicadeza, a empatia, a gentileza, a sensibilidade etc." (Soares, 2012, p. 52). É claro que as emoções são construídas socialmente, uma vez que estão vinculadas às identidades de gênero e seus respectivos papéis sociais[21], demarcados pela hierarquização.

Outros elementos que perpassam a divisão sexual e emocional do trabalho dizem respeito às diferenças de raça, classe social, idade, entre outras. Cabe destacar que o status ocupacional[22] do trabalho de *care* implica diretamente na execução do trabalho, no qual as trabalhadoras encontram-se mais vulneráveis às humilhações e aos tratamentos rudes e, em certos casos, sofrem até mesmo violência física. Em alguns casos, a violência de quem é cuidado deve ser tolerada, impondo uma imensa sobrecarga emocional.

Em relação à economia do *care*, Viviana Zelizer (2012) vai dizer que "as relações de *care* incluem qualquer tipo de atenção pessoal, constante e/ou intensa, que visa melhorar o bem-estar daquela ou daquele que é seu objeto" (Zelizer, 2012, p. 18). Tal perspectiva está vinculada aos estudos do *personal care* como atividade econômica.

> Assim, pode-se definir um leque de "atenções pessoais constantes e/ou intensas" que tem, numa extremidade, o cuidado da manicure num salão de beleza ou o breve conselho telefônico num *hotline* de ajuda psicológica, e, na outra, os laços estabelecidos ao longo de uma vida inteira entre sua mãe e sua filha, ou, ainda, o devotamento de um velho empregado (Zelizer, 2012, p. 18).

---

21. Para Soares (2012, p. 46), "o trabalho de cuidar tem suas raízes na esfera privada, na família. Dessa esfera, ele carrega tanto a 'invisibilidade' quanto um padrão de reconhecimento e qualidade: ele será considerado tão mais bem feito quanto mais se aproximar do cuidado que seria dedicado por quem o faz a um membro de sua própria família".

22. "A maior parte do trabalho de cuidar, por conta da segregação ocupacional, faz parte do proletariado emocional, cuja latitude decisória e cujo grau de prestígio social são baixos. Associando-se o fato de que as emoções das mulheres são consideradas e tratadas como menos importantes" (Soares, 2012, p. 52).

Nesse caminho analítico, a autora apresenta três maneiras distintas de se pensar a remuneração do *care* no que diz respeito às dificuldades existentes nas relações que se estabelecem a partir das atividades mercantis e das obrigações sociais. São elas: mundos hostis, comércio em toda parte e relações bem ajustadas.

Para os analistas da concepção dos mundos hostis, quando ocorre a mistura do *care* com dinheiro, tem-se o pior dos pesadelos, principalmente no que diz respeito ao seio familiar. "Vários observadores consideram que quando entra dinheiro nas relações entre esposos, pais e filhos, ou entre doadores e receptores de cuidados, a intimidade inevitavelmente desaparece" (Zelizer, 2009, p. 246). Quando se empregam pessoas de fora da família, as relações se estabelecem de outra forma? Em relação a esses casos, os "estudos extensivos recentes sobre cuidados pessoais pagos documentam a compatibilidade entre transações monetárias e cuidados pessoais atenciosos" (Zelizer, 2009, p. 246).

Em relação ao comércio em toda parte, a análise é o inverso da perspectiva anterior, uma vez que as relações de *care* são formas especiais de relações comerciais e que o problema é apenas de definição do preço justo. Já nas relações bem ajustadas, busca-se responder se há uma "interação permanente entre o *care* e as considerações econômicas, e que o conjunto só funciona quando os dois estão bem afinados" (Zelizer, 2012, p. 20). Ou seja, "o aspecto econômico da relação é aceito e assegura a sua continuidade" (Zelizer, 2012, p. 20). A crítica do tipo "mundos hostis" em relação a essa análise é que o trabalho de *care* "funciona segundo os mesmos princípios que os das transferências de ações ou da venda de carros em liquidação, e o mundo ostensivamente separado do *care* não é mais do que um caso particular de racionalidade econômica" (Zelizer, 2012, p. 22).

Zelizer (2012) sinaliza que, ao observar de perto o trabalho das babás, é possível perceber que suas relações com os pais e com as crianças não se assemelham a meras relações de amor e nem a transações mercantis comuns. A negociação em torno "da adequação entre o trabalho, as relações interpessoais e as formas de compensação preocupam essas empregadas, têm um grande impacto sobre o *care* que elas oferecem, e determinam se elas conservam ou perdem o seu trabalho" (Zelizer, 2012, p. 24). Portanto, as relações de poder são diferenciadas em ambas as partes e determinadas pelas relações contratuais desiguais.

O *care* remunerado tem se tornado cada vez mais legítimo. Entretanto, as configurações atuais do cenário econômico demandam a necessidade de problematizar as novas configurações que o cercam. Assim, as questões que envolvem tanto as suas condições de remuneração, de pagamento, e das relações íntimas nos processos econômicos cabem nos estudos atuais sobre o *care* e na pauta das reivindicações por melhores condições de trabalho e salariais das trabalhadoras.

# 2

# CONFIGURAÇÕES DO TRABALHO DO *CARE* NA CONTEMPORANEIDADE

Neste capítulo, pretendemos apresentar e problematizar a relação entre trabalho, *care* e mulheres na cena contemporânea. Com a inserção massiva das mulheres na esfera produtiva, ocasionada pelas novas configurações do mundo do trabalho, ocorreram mudanças significativas na organização do e nas responsabilidades pelo trabalho doméstico e de *care*. Além disso, a inserção das mulheres no mercado de trabalho formal e informal trouxe à tona a não qualificação profissional para exercer os ofícios, ocupações e profissões consideradas femininas e subalternas, já que são vinculadas à naturalização de uma determinada essência. Logo, são esses e outros fatores que favorecem o fenômeno da mundialização do *care* e que têm as desigualdades e opressões de classe, gênero e raça/etnia como característica marcante.

## 2.1 O trabalho e sua configuração contemporânea

Em resposta à sua própria crise, o capital se subjugou, a partir do início dos anos 1970, a um processo de reorganização produtiva em escala global, tendo repercussão não só no sistema econômico, mas também no plano ideológico e político de dominação. Suas expressões mais radicais expressam-se no neoliberalismo, na contrarreforma do Estado, na desregulamentação dos direitos trabalhistas, na desmontagem do setor produtivo estatal e no processo de reestruturação da produção e do trabalho.

O capital fez diversas experiências em busca de caminhos e estratégias para superar a crise e o esgotamento do padrão fordista e taylorista. A experiência japonesa foi a que obteve sucesso, sendo ela a mais expressiva de todas as demais, já que começou a se estruturar nos anos 1950 e, com a crise do capitalismo, mostrou-se a mais potente, e ficou conhecida como o "modelo japonês" ou toyotismo. "Tratava-se, para os capitais, de garantir a *acumulação*, porém de modo cada vez mais *flexível* com a nova fase do capital. Nascia, então, a chamada empresa flexível" (Antunes, 2008, p. 20. Grifos do autor).

> Proliferaram, a partir de então, as distintas formas de "empresa enxuta", "empreendedorismo", "cooperativismo", "trabalho voluntário" etc., dentre as mais distintas formas alternativas de trabalho precarizado. E os capitais utilizaram-se de expressões que, de certo modo, estiveram presentes nas lutas sociais dos anos 1960, como autonomia, participação social, para dar-lhes outras configurações, muito distintas, de modo a incorporar elementos do discurso operário, porém sob clara concepção burguesa. O exemplo das cooperativas talvez seja o mais eloquente, uma vez que, em sua origem, as cooperativas eram reais instrumentos de luta e defesa dos trabalhadores contra a precarização do trabalho e o desemprego (Antunes, 2009, p. 49).

As novas condições de trabalho causaram impactos marcantes, e seus efeitos não tardaram: a perda de direitos, o desemprego em massa, a precarização estrutural, o rebaixamento salarial e outras consequências severas que atingiram a *classe-que-vive-do-trabalho*[1]. Entretanto, existem dois elementos que precisam ser destacados em relação às mudanças que estavam em curso: o primeiro diz respeito ao que Antunes (2008b) denomina de desproletarização do trabalho industrial, fabril, ou seja, a diminuição da classe operária industrial tradicional. Como consequência, houve uma significativa heterogeneização e complexificação da classe trabalhadora. O segundo aspecto assinala a fragmentação do trabalho ocasionada pela subproletarização.

A fragmentação do trabalho está marcada por uma pirâmide social. Sua estrutura demarca a segmentação em que está posta a organização do trabalho: "no topo, temos trabalhos ultraqualificados que atuam no âmbito informacional, das chamadas tecnologias de informação e comunicação"; já no meio, "a hibridez, o espaço por excelência do que fora ultraqualificado ontem e se encontra sem trabalho pelo fecho, transferência ou incorporação da empresa"; e, por fim, "na base, avança a precarização e o desemprego, ambos estruturais, gerando uma força sobrante do trabalho monumental e impossível de ser incorporada pelo capital" (Antunes, 2008, p. 23).

Essa tendência à fragmentação está marcada diretamente pela redução do proletariado industrial, devido à substituição da mão de obra humana pela automação. Ou seja, adotar a tecnologia, a microeletrônica e a robótica nas indústrias proporcionou, não apenas a fragmentação da classe trabalhadora, mas também a sua subproletarização, presente nas formas de trabalho precário, temporário, terceirizado, parcial e subcontratado.

---

1. "O trabalho produtivo, *fabril e extrafabril*, constitui-se, tal como o concebemos, no *núcleo fundamental* da classe trabalhadora, que, entretanto, enquanto classe, é mais abrangente e compreende também os trabalhadores que são assalariados, mas não são *diretamente produtivos*. Portanto, uma noção ampliada, abrangente e contemporânea de classe trabalhadora hoje, a *classe-que-vive-do-trabalho*, deve incorporar também aqueles e aquelas que vendem sua força de trabalho em troca de salário, como enorme leque de trabalhadores precarizados, terceirizados, fabris e de serviços, *part-time*, que se caracteriza pelo vínculo de trabalho temporário, pelo trabalho precarizado, em expansão na totalidade do mundo produtivo" (Antunes, 2003, p. 217, grifo do autor). Para maior aprofundamento, buscar Antunes (2003, 2008b, 2013).

É neste quadro de precarização estrutural do trabalho que os capitais globais estão exigindo dos governos nacionais o desmonte da legislação social protetora do trabalho. E flexibilizar a legislação social do trabalho significa aumentar ainda mais os mecanismos de extração do sobretrabalho, ampliar as formas de precarização e destruição dos direitos sociais que foram arduamente conquistados pela classe trabalhadora (Antunes, 2008, p. 22).

Tais transformações atingem também o setor de serviços que, particularmente, teve um intenso crescimento nas últimas três décadas. No caso dos serviços públicos, esses sofreram um processo de reestruturação, ficando subordinados à lógica mercantil. Diante dessa realidade, o setor estatal e público também sofreu um remodelamento de sua função, aderindo a uma performance de empresa privada geradora de valor.

Nessa nova morfologia do trabalho, ocorreu o aprofundamento da divisão sexual, proporcionando um aumento significativo da participação das mulheres no mercado, resultando na demissão em massa dos homens. Isso significa que as mulheres encontram cada vez mais e os homens cada vez menos trabalho. Entretanto, de que forma ocorreu essa inserção feminina no trabalho?

A intensificação da presença feminina no mundo do trabalho não se deu ao acaso; ela possibilitou a incorporação e o aumento da exploração das mulheres em ocupações de tempo parcial, em trabalhos domésticos subordinados ao capital, além da participação em massa nos setores de serviços. Para Nogueira (2010), essas relações entre reestruturação produtiva, capitalismo e neoliberalismo estabelecem o crescimento do emprego feminino, porque o "trabalho terceirizado frequentemente estabelece a realização de tarefas no domicílio, concretizando o trabalho produtivo no espaço doméstico" (Nogueira, 2010, p. 206).

Cabe lembrar que, quando o trabalho produtivo é realizado no espaço doméstico, o capital, ao explorar a mulher enquanto força de trabalho, apropria-se com maior intensidade dos seus "atributos" desenvolvidos nas suas atividades reprodutivas, vinculados às tarefas oriundas de seu trabalho reprodutivo. Dessa forma, além de o capital intensificar a desigualdade de gênero na relação de trabalho, ele acentua a dimensão dúplice da sua exploração, ou seja, explora o trabalho feminino tanto no espaço produtivo quanto depende desse no espaço reprodutivo (Nogueira, 2011, p. 206).

Em relação à temática salarial, no caso da força de trabalho feminina, a desigualdade é um traço marcante, mesmo diante da crescente participação das mulheres no mercado de trabalho. A remuneração é muito menor em relação à dos homens, tendo ainda como marco a frequente violação de direitos e péssimas condições de trabalho. O capital tem demonstrado bastante perspicácia em relação à apropriação intensiva da polivalência e da multiatividade da força de trabalho feminina, traços esses adquiridos nas atividades desenvolvidas na esfera reprodutiva. Nesse sentido, enquanto "os homens (...) mostram mais dificuldade em adaptar-se às novas dimensões polivalentes (em verdade, conformando níveis mais profundos de *exploração*), o capital tem-se utilizado deste atributo social herdado pelas mulheres" (Antunes, 2003, p. 222-223, grifos do autor).

Diante desse cenário de mutações no mundo do trabalho, o caso brasileiro apresenta particularidades em seu processo de reestruturação produtiva e adesão ao projeto neoliberal, que já estava em curso nos países centrais. Apenas nos anos 1980, ao final da ditadura militar e sob a denominada Nova República de Sarney, que o modelo de acumulação apresenta as primeiras alterações. Portanto, foi nesse período que ocorreram os primeiros impulsos do processo de reestruturação produtiva no Brasil, proporcionando a adesão, por parte das empresas, a novos padrões tecnológicos e organizacionais, além de novas formas de organização social e sexual do trabalho.

> O capitalismo brasileiro, particularmente seu padrão de acumulação industrial desenvolvido desde meados da década de 1950 e especialmente

no pós-64, desenvolveu uma estrutura produtiva bi-fronte: de um lado, voltava-se para a produção de bens de consumo duráveis, como automóveis, eletrodomésticos etc., visando um mercado interno restrito e seletivo que se desenvolvia no país; por outro lado, objetivava também desenvolver a produção para a exportação, tanto de produtos primários, como também de produtos industrializados. Quanto à sua dinâmica interna, o padrão estruturava-se através de um processo de superexploração da força de trabalho, dado pela articulação entre baixos salários, jornada de trabalho prolongada e de fortíssima intensidade em seus ritmos, dentro de um patamar industrial significativo para um país que, apesar de sua inserção subordinada, chegou a alinhar-se entre as oito grandes potências industriais. Esse modelo econômico teve amplos movimentos de expansão ao longo das décadas de 1950 e 70 (Antunes, 2002, 2003, p. 15).

Ainda durante a década de 1980, a reestruturação produtiva, nos moldes brasileiros, é caracterizada pela redução de custos por meio da diminuição da força de trabalho e, ao mesmo tempo, pela necessidade de elevação da produtividade, através da "reorganização da produção, redução do número de trabalhadores, intensificação da jornada de trabalho dos empregados, surgimento dos CCQ's (Círculos de Controle de Qualidade) e dos sistemas de produção *just-in-time* e *kanbow*" (Antunes, 2009, p. 18). Ainda que de forma incipiente, estabeleceu-se o processo de liofilização organizacional e de sua reengenharia industrial, cujos determinantes apontados por Antunes (2012) foram:

1. Das imposições das empresas transnacionais, que levaram à adoção, por parte de suas subsidiárias no Brasil, de novos padrões organizacionais e tecnológicos, em maior ou menor medida inspirados no toyotismo e nas formas flexíveis de acumulação;
2. Da necessidade, no âmbito dos capitais e de seus novos mecanismos de concorrência, de as empresas brasileiras prepararem-se para a nova fase, marcada por forte competitividade internacional;
3. Da necessidade de as empresas nacionais responderem ao avanço do sindicalismo e das formas de confronto e de rebeldia dos

trabalhadores que procuravam estruturar-se mais fortemente nos locais de trabalho, desde as históricas greves da região industrial do ABC e da cidade de São Paulo, no pós-1978. (Antunes, 2012, p. 47).

Todavia, a reestruturação produtiva desenvolveu-se de forma plena e intensa no país ao longo dos anos 1990, apresentando características e configurações de um processo que vem se efetivando e se consolidando. Portanto, foi a partir dessa década que o Brasil "incorpora-se na dinâmica de um processo estrutural de precarização da classe do trabalho que marca a nova ordem sociometabólica do capital no plano mundial" (Alves, 2009, p. 190).

Durante a gestão de Fernando Collor (1990-1992), foram implantadas as reformas neoliberais que, junto ao cenário macroeconômico, contribuíram para a constituição de um "cenário de degradação do mercado de trabalho com alto índice de desemprego total nas regiões metropolitanas e deteriorização dos contratos salariais devido à expansão da informalização e terceirização nas grandes empresas, visando reduzir custos" (Alves, 2009, p. 190).

O metabolismo social da precarização do trabalho, constituído pelo processo objetivo de degradação salarial e pela pletora de experiências pessoais de desligamentos do salariato regulado, é marcado não apenas pelo cenário interno de reformas capitalistas, mas também pelo cenário externo de intensa reação neoliberal de cariz político-ideológico (os acontecimentos históricos da Queda do Muro de Berlim em 1989, e o fim da URSS, em 1991, tornaram-se ícones midiáticos para a proclamação da vitória gloriosa da globalização capitalista). É nessa época que se articula a hegemonia neoliberal na América Latina, com o Brasil sendo elemento-chave do "Consenso de Washington" (Alves, 2009, p. 190).

Sob a direção política e ideológica, definida pelo Consenso de Washington, acelerou-se o processo de reestruturação produtiva no Brasil. Entretanto, na experiência brasileira, existe um misto dos dois modelos, tanto do fordismo quanto das novas formas de acumulação.

Logo, as modalidades de trabalho desregulamentadas foram ampliadas, produzindo uma condição precária à classe trabalhadora, cujos direitos passaram a ser negados, principalmente o registro formal em carteira profissional. Além da informalização e precarização do trabalho, houve o aumento do desemprego, o rebaixamento salarial etc. A perda de direitos é uma característica do desmonte das conquistas da classe trabalhadora, dentre outras coisas, por meio da extinção da legislação social protetora do trabalho.

> Esse processo de reestruturação produtiva (...) que atingiu a quase totalidade dos ramos produtivos e/ou de serviços, acarretou também alterações significativas na estrutura de empregos no Brasil. Se durante a década de 1970, segundo Pochmann (2000), no auge da expansão do emprego industrial, o Brasil chegou a possuir cerca de 20% do total dos empregos na indústria de transformação, 20 anos depois, a indústria de transformação absorvia menos de 13% do total da ocupação nacional. Como resultado do processo de reconversão econômica, registraram-se, segundo o autor, ao longo dos anos 90, novas tendências nas ocupações profissionais. Com "a mudança da dinâmica dependente de maior inserção competitiva externa, a economia nacional começou a conviver, pela primeira vez desde os anos 30, com perda absoluta e relativa de postos de trabalho na indústria de manufatura. Entre as décadas de 1980 e 1990, por exemplo, a economia brasileira perdeu próximo a 1,5 milhão de empregos no setor de manufatura (Pochmann, 2000) (Antunes, 2002, 2003, p. 21).

As mudanças no mundo do trabalho e a reestruturação produtiva não estavam descoladas da ofensiva neoliberal. Ocorreram redefinições no papel do Estado que geraram alterações nas formas gerenciais de contratação e um aumento significativo de cortes, acentuando o desemprego e a pobreza. Com a ofensiva neoliberal, o Estado brasileiro teve transformações em seu papel na efetivação das políticas públicas, deixando de ser o responsável direto, como executor, para fortalecer sua função de promotor e regulador do desenvolvimento. Ou seja, as ações são transferidas para o denominado terceiro setor[2] e a coordenação e regulação fica a cargo da gerência do mercado. O próprio Estado incorpora a dinâmica mercadológica, a sua organização e direciona sua gestão para o fortalecimento dos interesses do mercado.

Na década de 1990, outro elemento objetivo da precarização estrutural de classe do trabalho foi o Programa Nacional de Desestatização (PND), criado em 1991, que contribuiu para a transferência de patrimônio social para o setor privado. O processo de privatização, que marcou a era neoliberal, como elemento de reforma do Estado, significou o fortalecimento da acumulação de capital no país, embora tenha contribuído, ao mesmo tempo, para a acumulação por espoliação, que não implica necessariamente em investimento produtivo (ela significou a degradação — ou mesmo extinção — do estatuto salarial de importantes categorias de trabalhadores públicos, como bancários de bancos estaduais, operários de siderúrgicas e mineradoras estatais, trabalhadores do sistema de telefonia e em alguns casos de sistema de eletricidade etc). Por outro lado, a Reforma Administrativa do Estado sob a gestão neoliberal significou a precarização do trabalho do assalariado do setor público (Alves, 2009, p. 193-194).

Para Peroni (2008, p. 2), "o mercado deve superar as falhas do Estado", ou seja, a culpa pela crise estrutural foi transferida para o Estado, e sua reestruturação passou a ser a chave para a superação da crise, implantando, portanto, o neoliberalismo como saída. Ainda no governo de Fernando Collor, a concepção neoliberal foi fortemente

---

2. De acordo com Montaño e Duriguetto (2010, p. 305, grifo dos autores), "O debate do chamado 'terceiro setor' parte do ideológico pressuposto da realidade social setorializada; assim existiria um primeiro, um segundo e um terceiro setor: o Estado, o mercado e a "sociedade civil". Os autores do 'terceiro setor' referem-se a ele como: a) *organizações não lucrativas e não governamentais* (ONGs), Movimentos sociais, organizações comunitárias; b) *instituições de caridade*, religiosas; c) *atividades filantrópicas* — fundações empresariais, filantropia empresarial, empresa cidadã, que teriam 'descoberto' a importância da 'atividade social'; d) *ações solidárias* — consciência solidária, de ajuda mútua e de ajuda ao próximo; e) *ações voluntárias*; e f) *atividades pontuais e informais*".

fomentada no Brasil, impulsionando cortes sociais e a transferência de serviços públicos para a esfera privada, promovendo o enxugamento de cortes "excessivos" e, assim, desregulamentando os direitos sociais conquistados com a Constituição de 1988.

> A política neoliberal de abertura comercial do governo Collor, que prossegue no decorrer da década sob os governos Itamar Franco e Fernando Henrique Cardoso, significou a destruição de cadeias produtivas na indústria brasileira, com empresas sendo fechadas por não conseguirem concorrer com produtos estrangeiros, e, portanto, o crescimento do desemprego de massa. Nesse período, as grandes empresas foram obrigadas a intensificar a reestruturação produtiva colocando o sindicalismo na defensiva diante do cenário hostil — governos antissindicalistas e recessão econômica com desemprego crescente (Alves, 2009, p. 193)

Entretanto, foi durante o governo de Fernando Henrique Cardoso (FHC) que foi efetivado o Projeto de Reforma do Estado, apresentado em 1995 pelo Ministério da Administração e Reforma do Estado (MARE). A proposta era racionalizar os recursos, procurando reduzir suas ações no que se refere às políticas sociais, baseando-se "na atração de capital especulativo, com juros altos, o que tem aumentado as dívidas interna e externa, provocando uma crise fiscal enorme dos estados e municípios". Portanto, o Estado passou a ser mínimo para as políticas sociais e máximo para o lucro do capital (Peroni, 2008, p. 3).

Além disso, houve um aumento da participação do setor de serviços na incorporação dos trabalhadores, principalmente no comércio, comunicações e transportes, no período de 1970 e 1990. A média relativa dessa participação na estrutura ocupacional foi de 50%, ao contrário da realidade do emprego industrial que só teve retração (Antunes, 2002, 2003).

No caso do emprego feminino no Brasil, durante os anos 1980 e 1990, constatou-se uma concentração do trabalho feminino no setor de serviços, especialmente em serviços pessoais, domésticos, no comércio e no setor público. Já na esfera industrial, sua participação é limitada, ficando ainda para os homens a dominação desse setor[3]. Entretanto, "quando as empresas precisam reduzir o custo do trabalho mantendo a produção num bom nível tem sido mais eficaz selecionar mão de obra feminina considerada mais flexível e mais dócil que a masculina" (Oliveira, 1999, p. 48).

Tais elementos nos mostram o quanto o capitalismo apropria-se da força de trabalho feminina, tanto na esfera da produção — por meio da precarização, hierarquização, desqualificação, flexibilização — quanto na esfera reprodutiva — através do trabalho doméstico e de *care*. Assim, é importante assinalarmos que essas transformações das forças produtivas não estão descoladas do contexto das relações sociais e das relações de gênero que sofreram diversas metamorfoses ao longo desse período, impactando não somente a própria inserção das mulheres na esfera da produção, mas também gerando o que Nobre (2004) denominou de crise no padrão de reprodução e, de forma contraditória, o reforço do papel das mulheres como cuidadoras.

Para Toledo (2005), o marxismo, em sua existência, vem buscando a superação da submissão das mulheres, pautada por um determinismo biológico, a fim de trazer fundamentos de que essa subalternidade é social e histórica. A opressão das mulheres é estabelecida a partir de um dado "lugar social", baseado na subalternidade e afirmado por um sentimento maternal. A diferenciação do trabalho feminino e masculino é estabelecida pelas necessidades do capital, com o intuito de aumentar seus lucros, a partir da força de trabalho disponível, "aproveitando inclusive suas diferenciações internas (entre sexo, idade, cor etc.)." (Toledo, 2005, p. 44). Nesse sentido, "a opressão da mulher, do negro, do imigrante tem a ver, portanto, com uma lógica superior, que determina todas as demais: a necessidade do capital de reproduzir-se continuamente" (Toledo, 2005, p. 44).

Para as pesquisadoras Helena Hirata e Danièle Kergoat (2007), o capitalismo perpetua-se em um sistema de gênero, no qual a exploração

---

3. Para maior aprofundamento, buscar Lavinas (1997).

do capital sobre o trabalho hierarquiza e segmenta as funções, no intuito de subalternizar o trabalho que foi concebido como feminino em relação ao trabalho masculino. De acordo com Campos e Teixeira (2010), o gênero é definido por "padrões quanto a posições, atitudes e comportamentos e práticas em geral que, entre outros aspectos, são capazes de reprodução das desigualdades e diferenças sociais" (Campos; Teixeira, 2010, p. 21). Essa subalternidade feminina dá-se, inicialmente, no espaço doméstico e é perpetuada nas relações sociais, sendo de fundamental importância a padronização das relações no mundo do trabalho e na produção da riqueza.

> É evidente que os homens, dominantes, não se colocam enquanto "homens", já que, quase por definição, o dominante existe de direito, mas não "se pensa" como tal. É o dominado que se pensa, e ainda nem sempre como "relativo". Mas uma mulher não se pensa como mulher, ela se pensa dentro de uma rede de relações sociais. Como trabalhadora (na relação capital/trabalho, na relação salarial), como jovem ou velha, como, eventualmente, mãe ou imigrante. Ela sofre e/ou exerce uma dominação segundo sua posição nestas diversas relações sociais. E é o conjunto que vai constituir sua identidade individual e dar nascimento às suas práticas sociais. Em nível coletivo, é ainda o conjunto das relações sociais que vai fundar o sentimento de pertencer a um grupo e a consciência de dele fazer parte. (Kergoat, 1996, p. 22).

A partir da compreensão de que a divisão sexual do trabalho é apropriada pela sociabilidade burguesa e reproduzida na individualidade, no cotidiano, resultando na desigualdade entre os sexos, é que destacamos dois princípios organizadores desse sistema, retratados por Hirata e Kergoat (2007): o princípio de separação (existem trabalhos de homens e trabalhos de mulheres) e o princípio hierárquico (um trabalho de homem "vale" mais que um trabalho de mulher)[4].

---

4. Para as autoras, esses "princípios (de separação e hierárquico) encontram-se em todas as sociedades conhecidas e são legitimados pela ideologia naturalista; isso não significa, no entanto,

Tais princípios estão relacionados ao conceito de relação social sexuada, "que é correlativo ao de conceito de divisão sexual do trabalho" (Hirata, 2002, p. 275) e busca romper com uma abordagem teórica em relação a papéis e funções. Tanto para Kergoat quanto para Hirata, as relações sociais sexuadas e a divisão sexual do trabalho são "duas expressões indissociáveis" e constituem um sistema. É nessa indissociabilidade que as autoras ampliam o conceito de trabalho: ampliação do conceito de trabalho ao trabalho profissional e doméstico, ao trabalho não remunerado e remunerado e ao trabalho formal e informal (Hirata, 2002, p. 275).

> Se partimos dessa ideia, a exploração por meio do trabalho assalariado e a opressão do masculino sobre o feminino são indissociáveis, sendo a esfera de exploração econômica — ou das relações de classe — aquela em que, simultaneamente, é exercido o poder dos homens sobre as mulheres. A preeminência do econômico, que faz da força de trabalho um conceito-chave na análise marxista clássica das relações de dominação, cede lugar ao conceito de "sujeito sexuado", inserido em uma rede de relações intersubjetivas. É essa passagem do primado do econômico e das relações de exploração para a afirmativa de uma ligação indissociável entre opressão sexual (e de classe) e exploração econômica (e de sexo) que permite, a meu ver, reconceitualizar o trabalho, dinamizá-lo, a partir da introdução de uma subjetividade efetiva, ao mesmo tempo "sexuada" e de "classe", de acordo com a expressão de Kergoat. É a partir dessa abordagem teórica que ela conceitualiza "a divisão sexual do trabalho como uma disputa das relações sociais de sexos" (Kergoat, 1992, p. 8) e que ela dá um estatuto privilegiado ao antagonismo, ao conflito, à ideia de movimento social sexuado. Trabalhar com a divisão sexual do trabalho é também uma escolha que permite levar em conta o caráter multidimensional do trabalho: de fato, como salienta Kergoat (1995), "trabalhar com a divisão sexual do trabalho exclui qualquer risco de eliminar o trabalho doméstico e sua intricação (objetiva e subjetiva, individual e coletiva) com trabalho assalariado" (Hirata, 2002, p. 277).

---

que a divisão sexual do trabalho seja um dado imutável". (Hirata; Kergoat, 2007, p. 599-560)

Nesse caminho, a divisão sexual do trabalho torna-se um aspecto da divisão sociotécnica do trabalho, na qual se identifica a hierarquização, a subalternidade, a invisibilidade e a opressão de gênero, demonstrando a indissociabilidade das relações entre homens e mulheres e da esfera da produção e reprodução. Discutiremos, ao longo deste capítulo, as novas configurações, não só da divisão sociossexual[5] do trabalho, ocasionadas pelas transformações no mundo do trabalho, pela reestruturação produtiva e pelo neoliberalismo, mas também destacaremos as mudanças que ocasionaram a mercantilização do *care*, geraram as transformações no padrão de reprodução e reforçaram o papel das mulheres como cuidadoras, impulsinonando uma dada "profissionalização" do cuidado feminino.

## 2.2 Família, políticas sociais e o padrão de reprodução

Uma nova ortodoxia econômica que substitui o keynesianismo no mundo ocidental surge a partir dos anos 1980. Instaurou-se um conjunto de prescrições econômicas que visavam reduzir, ao máximo, a presença do Estado na vida social e ampliar, ao máximo, a liberdade de atuação das pessoas, além de se adaptarem às novas características do capitalismo globalizado e da produção flexível.

Perry Anderson (1995) indica que o neoliberalismo teve seu nascimento logo após a II Guerra Mundial, sendo ele "uma reação teórica e política veemente contra o Estado intervencionista e de bem-estar" (Anderson, 1995, p. 9). Esse novo modelo fundamenta-se em argumentos liberais que enxergam os direitos individuais como modo de regência da vida social, em contraposição ao Estado. Para Pereira (2002), o pensamento neoliberal apoia-se nos seguintes argumentos:

---

5. Essa terminologia adotada para se referir à divisão social e sexual do trabalho foi introduzida por Cláudia Mazzei Nogueira (2013).

1. Que o excessivo gasto governamental com políticas sociais públicas é nefasto para a economia, porque gera o déficit orçamentário que, por sua vez, consome a poupança interna, aumenta as taxas de juros de inversão produtiva;
2. Que a regulação do mercado pelo Estado é negativa, porque, ao cercear o livre jogo mercantil, tal regulação desestimula o capitalista de investir;
3. Que a produção social pública garantida, sob a forma de política redistributiva, é perniciosa para o desenvolvimento econômico, porque onera as classes possuidoras, além de aumentar o consumo das classes populares em detrimento da poupança interna. Neste caso, a melhor solução é diminuir o efeito redistributivo das políticas sociais, o que supõe a flexibilização ou retração da sua garantia (Pereira, 2002, p. 36).

Cabe assinalar que uma das principais causas do avanço dessa transformação foi a derrota do movimento sindical, "expressado na queda drástica do número de greves durante os anos 80 e numa notável contenção de salários" (Anderson, 1995, p. 15). Isso ocorreu devido ao enorme número de desempregados gerados pela diminuição dos investimentos produtivos e do setor público; por isso, os sindicatos tiveram que adotar uma postura mais moderada, ocasionando um retrocesso.

> No campo da proteção social, a novidade introduzida foi a parceria entre Estado, mercado e sociedade, ou esquemas pluralistas, os quais tiveram apelo muito mais ideológico do que prático. Análises mais acuradas das tendências desse esquema plural ou misto de bem-estar social (...) mostram que as soluções referentes à pobreza e à chamada exclusão social têm sido cada vez mais procuradas na sociedade e baseadas no recurso estratégico da solidariedade informal e voluntária, envolvendo a família, a vizinhança, os grupos de amigos. Com isso, o Estado vem abrindo mão de seu protagonismo como provedor social, tornando cada vez mais focalizadas as políticas sociais públicas, enquanto o mercado ocupa-se em privilegiar o bem-estar ocupacional que protege apenas quem tem emprego estável e bem remunerado (Pereira, 2002, p. 39).

Com a insuficiência da ação estatal em relação à proteção social por meio dos serviços públicos, devido ao seu retrocesso, percebe-se um aumento significativo na suposta centralidade das famílias nas práticas sociais de cuidado. De acordo com Mioto (2008), essa situação ocorre por estar vinculada "ao declínio da sociedade salarial e à crise do Welfare State, que fizeram com que a família fosse 're-descoberta', tanto como instância de proteção, como também enquanto possibilidade de 'recuperação e sustentação' de uma sociabilidade solidária" (Mioto, 2008, p. 132).

> Ou seja, a família passa a ser o "canal natural" de proteção social vinculado obviamente às suas possibilidades de participação no mercado para compra de bens e serviços necessários à provisão de suas necessidades. Essa nova configuração trouxe desdobramentos importantes no contexto das relações sociais, e dentre eles destacam-se o processo de transferência para o interior das famílias de problemas gerados no âmbito das relações de produção e a cruzadas para a inculcação do ideal de uma nova família com funções e papéis claramente definidos (Mioto, 2008, p. 132).

Segundo Harvey (2014), para que de fato ocorresse uma incorporação da concepção neoliberal por parte da população foi necessário que os capitalistas recorressem às tradições e valores culturais. A retórica neoliberal enfatizava as liberdades individuais, a política da identidade, o multiculturalismo e o consumismo desenfreado. Nesse sentido, o pensamento pós-moderno foi peça-chave, já que ele privilegia o individual, o intimismo, a família e o privado, sendo compatível com o que o neoliberalismo buscava para a construção de uma cultura populista, fundada nos interesses do mercado.

Logo, essa convocação da família como provedora central do cuidado tem trazido o risco de reafirmar um determinado modelo de família tradicional, pautado em valores conservadores e patriarcais que reafirmam as características biologizantes dos sexos. A consolidação desse modelo de família como "instância privada, com clara divisão de papéis entre homens e mulheres, e do indivíduo (homem e trabalhador assalariado) responsável moral pela provisão familiar, instaura o reinado da família como fonte de proteção por excelência" (Mioto, 2008, p. 132). O pensamento pós-moderno, portanto, utiliza esse modelo a fim de reproduzir o neoconservadorismo e perpetuar seus princípios.

> Com referência à conformação de um novo modelo de família, Caponi (2000) destaca a instauração de um amplo processo de medicalização das famílias necessário para o atendimento das novas demandas econômicas, que necessitam de corpos cuidados e sãos. Assim, a produção de corpos saudáveis e limpos de espaços organizados inauguraram nas famílias uma relação intrínseca entre "cuidador" e "cuidado". Com ela, uma nova lei moral que, embora impactando de forma diferenciada a família burguesa e a família proletária, elevam as mulheres à condição de cuidadoras por excelência. Tal fato se torna cada vez mais importante no âmbito das relações sociais (Mioto, 2008, p. 132).

A valorização do *care* exercido pelas mulheres no seio familiar fortalece interesses políticos e econômicos do Estado neoliberal, posto que, com o não investimento em dispositivos públicos, há um aprofundamento da convocação das mulheres trabalhadoras, por parte das mulheres burguesas, para executarem o trabalho doméstico e de *care* em suas residências. Com isso, as mulheres trabalhadoras criam estratégias de compartilhar o cuidado dos filhos e familiares com outras mulheres da família e/ou da vizinhança ou até mesmo desdobram-se entre as jornadas de trabalho, reafirmando a negligência do Estado no provimento de serviços públicos.

> A primeira constatação do movimento de mulheres em relação ao trabalho reprodutivo no contexto neoliberal foi o aumento da jornada decorrente das políticas de ajuste estrutural. Na crise do endividamento dos anos 1980, os países da América Latina, Ásia e África se viram obrigados a aceitar as condicionalidades das instituições financeiras

multilaterais, dentre elas o corte de gastos públicos, inclusive sociais. Foram repassados às mulheres nas famílias e associações comunitárias os custos de cuidado de crianças, doentes, a gestão de programas sociais, que desapareceram dos orçamentos governamentais e foram consideradas economia de recursos. Os gestores públicos partem do princípio de que o trabalho das mulheres é um recurso inesgotável e facilmente disponível (Nobre, 2004, p. 64)

Marcondes e Yannoulas (2012) descrevem que o "fato de o cuidado não ser devidamente problematizado na agenda política do Estado permite que as necessidades de quem cuida e de quem é cuidado não sejam colocadas como uma questão política" (Marcondes; Yannoulas, 2012, p. 179). Podemos observar o aumento progressivo da desproteção de mulheres, crianças, idosos, pessoas com deficiência e outros sujeitos que precisam de um cuidado específico e não constam na agenda pública, além dos limites impostos pela "incapacidade do capitalismo liberal de garantir, através apenas da família e do mercado, qualquer forma de bem-estar coletivo" (Mioto, 2008, p. 133)

De acordo com Mioto (2008), existem dois conceitos retratados por Esping-Andersen para descrever o exercício da proteção social pelos diferentes Estados de Bem-Estar Social e a relação com a família: o de desfamiliarização e o do familismo. "A desfamiliarização refere-se ao grau de abrandamento da responsabilidade familiar em relação à provisão de bem-estar social, seja através do Estado ou do mercado" (Mioto, 2008, p. 135), o que significa a diminuição dos encargos direcionados à família, através de políticas familiares/sociais. Ainda segundo a autora, o familismo está "presente nos sistemas de proteção social em que a política pública considera (...) que as unidades familiares devem assumir a principal responsabilidade pelo bem-estar de seus membros" (Mioto, 2008, p. 135), o que significa uma menor atenção por parte do Estado.

Na Itália, devido à fragilidade do Estado de Bem-Estar e sua pujante economia informal, tem-se um caso de "provedor desigual" de bem-estar, ocorrendo a superproteção de alguns segmentos da população, principalmente aqueles que estão empregados. O modelo italiano de bem-estar social baseia-se na atribuição da família provedora, cabendo às mulheres um lugar na "oferta de serviços de cuidados pessoais não pagos e não reconhecidos — o que Leitner (2003) denomina um 'familismo explícito'" (Glucksmann, 2012, p. 66). Além disso, há taxas muito baixas de ofertas de emprego para mulheres, especialmente para as mais jovens, em comparação aos demais países europeus.

Em relação à Holanda, o Estado de Bem-Estar se organizou em torno do homem provedor, mantendo as mulheres fora do mercado de trabalho, através dos benefícios das políticas de seguridade social. Glucksmann (2012) destaca que, a partir dos anos 1990, a utilização do capital humano como fator mais produtivo proporcionou o impulso para uma maior participação das mulheres no mercado de trabalho. Entretanto, "o fato de as responsabilidades familiares não terem se modificado deu origem a um alto nível de emprego em tempo parcial: o modelo familiar de 'um trabalhador e meio'" (Glucksmann, 2012, p. 68).

No caso brasileiro, é perceptível o familismo como modelo vigente nas práticas e nas políticas sociais. Esse modelo vem com uma falsa aparência de resolubilidade e viabilização de direitos, encarregando a família de promover a proteção social. Na família brasileira, as mulheres exercem o trabalho doméstico e de *care* e ainda ocupam o mercardo de trabalho. Entretanto, não é repensado pelo Estado, o mercado e a família a dupla ou tripla jornada exercida pelas mulheres, recaindo mais uma vez sobre elas as atribuições e responsabilidades vinculadas ao *care*[6].

---

6. "Se de um lado os serviços de cuidado realizados em espaços privados aparecem como uma fronteira de mercado, num movimento contraditório ou complementar cada vez mais se amplia a ideologia conservadora de reforço à maternidade e questionamento do direito das mulheres ao emprego. Cobra-se das mulheres trabalhadoras do fracasso escolar das crianças à violência urbana. Volta a encontrar eco o discurso do início da industrialização de que as mulheres roubam trabalho dos homens, rebaixam o salário de todos e deixam as famílias em total abandono." (Nobre, 2004, p. 66-67).

Independente da classe social ou da qualidade da inserção das mulheres no mercado de trabalho, as famílias reafirmam-se no paradigma neoliberal, como instituição central e articuladora das demais instituições e arranjos das práticas sociais de cuidado. Em verdade, nessa conjuntura há um recrudescimento do familismo como ideologia, o que consiste, como assevera Gama (2008), na reprivatização do bem-estar, com a consequente indução das famílias a se responsabilizarem com os cuidados das crianças, idosos e doentes. E o familismo não pode ser atribuído apenas a uma omissão inconsciente do Estado, pois, (...), é da não ação consciente do Estado brasileiro — no que diz respeito à ampliação de direitos trabalhistas —, que a solução do trabalho doméstico remunerado se torna tão vantajosa (Marcondes; Yannoulas, 2012, p. 182).

Para Mészáros (2011), a família possui uma função mediadora para o funcionamento do processo sociometabólico que se encontra profundamente articulado em seu complexo social. Apesar das mutações históricas existentes em sua composição e organização, há uma regulação econômica para o seu funcionamento. Nesse sentido, não é possível pensar na emancipação da sociedade sem problematizar e questionar a relação entre homens e mulheres como indivíduos livres.

Portanto, se os imperativos alienantes do sistema estabelecido da reprodução econômica exigem um controle social discriminatório e hierárquico, afinado com o princípio antagonista estruturador da sociedade, e o correspondente modo de administrar o processo de trabalho, o "macrocosmo" abrangente desse tipo encontrará seu equivalente em todos os níveis do intercâmbio humano, até mesmo nas menores "microestruturas" ou "microcosmos" da reprodução e do consumo habitualmente teorizados sob o nome de "família" (Mészáros, 2011, p. 267-268).

Mészáros (2011) ainda sinaliza que há um sistema de relações de poder antagônicas e hierárquicas que compõem a estrutura de comando do capital, no qual o "poder de controle está inteiramente separado dos produtores e cruelmente imposto sobre eles" (Mészáros,

2011, p. 269). A desigualdade das relações de poder e das relações hierárquicas estão vinculadas à subordinação estrutural do trabalho ao capital e estão imbricadas nas relações entre os indivíduos.

Todavia, o aspecto mais importante em relação à família diz respeito à manutenção da hegemonia do domínio do capitalismo na sociedade, estabelecendo-se através da perpetuação, ou seja, sua reprodução ocorre pela internalização do sistema de valores, que "não permite contestar a autoridade do capital, que determina o que se pode ser considerado um rumo aceitável de ação dos indivíduos que querem ser aceitos como normais, em vez de desqualificados por 'comportamento não conformista'" (Mészáros, 2011, p. 271). Assim, a situação das mulheres fica marcada pelas condições estabelecidas e determinadas pela hierarquia e subordinação, tendo a família nuclear uma função primordial para a reprodução da autoridade do capital.

> No fundo, esta não deixa de ser profundamente autoritária devido às funções que lhe são atribuídas num sistema de controle metabólico dominado pelo capital, que determina a orientação de indivíduos particulares por meio de seu sistema incontestável de valores. Este autoritarismo não é mera questão de relacionamentos pessoais mais ou menos hierárquicos entre os membros de famílias específicas. Mais do que isso, diz respeito ao imperativo absoluto de proporcionar o que se espera do tipo de família historicamente evoluído, imposto pela indispensável subordinação do "microcosmo" específico de reprodução às exigências tirânicas de todo o processo reprodutivo. A verdadeira igualdade dentro da família só seria viável se pudesse reverberar por todo o "macrocosmo" social — o que, evidentemente, não é possível. Esta é a razão fundamental pela qual o tipo de família dominante deve ser estruturado de maneira apropriadamente autoritária e hierárquica (Mészáros, 2011, p. 271).

A família relaciona-se com outras instituições a fim de reproduzir os valores dominantes do capital, tendo um lugar de destaque em relação às demais, entre elas as instituições educacionais e as igrejas. Para Mészáros (2011), essa ocupação é tão verdadeira que, no sistema geral de reprodução de valores, os "porta-vozes do capital na política e no mundo empresarial procuram lançar sobre a família o peso da responsabilidade pelas falhas e 'disfunções' cada vez mais frequentes" (Mészáros, 2011, p. 272) e, assim, cria-se a necessidade de que haja uma retomada dos denominados "valores da família tradicional" e dos seus "valores básicos". Nesse sentido, podemos dizer que há "uma profunda crise que afeta todo o processo de reprodução do sistema de valores do capital, (...) estando entre estes a luta pela emancipação das mulheres e sua demanda de igualdade" (Mészáros, 2011, p. 272), demonstrando a importância do cuidado feminino na sustentação da perpetuação do capital e da família na repodução da subordinação e da hierarquia.

## 2.3 Trabalho doméstico e seus novos arranjos

O trabalho doméstico[7] é definido como "um conjunto de tarefas relacionadas ao cuidado das pessoas e que são executadas no contexto da família — domicílio conjugal e parentela — trabalho gratuito realizado essencialmente por mulheres" (Fougeyrollas-Schwebel, 2009, p. 257). Debruçar-se sobre ele nos possibilita analisá-lo como fenômeno em crescimento global, que vem tendo diversas transformações em sua estrutura e assumindo uma importância significativa "no funcionamento normal dos mercados de trabalho no mundo contemporâneo" (Tomei, 2013, p. 61).

O conceito analítico da divisão sexual do trabalho contribuiu de forma que pudéssemos compreender a relação estreita entre trabalho remunerado e trabalho não remunerado, exercido pelas mulheres,

---

7. "Trabalho doméstico, produção doméstica, economia doméstica, serviço doméstico, atividades do lar, atividades domésticas, cuidadora de pessoas, dona de casa, esposa, mãe, todos esses termos têm conotações disciplinares e conceituais distintas que suscitam controvérsias sobre o significado que se deve dar à expressão 'trabalho doméstico.'" (Fougeyrollas-Schwebel, 2009, p. 256-257)

"de tal forma que os indivíduos ou coletividades de trabalhadores não estão condicionados apenas por fatores de ordem econômica e tecnológica, fatores esses frequentemente privilegiados nas explicações sociológicas" (Sorj, 2004, p. 107).

> O trabalho remunerado e o trabalho não remunerado, realizado comumente por mulheres na esfera privada, são duas dimensões do trabalho social que se encontram intimamente ligadas. Esta constatação é uma das principais contribuições dos estudos de gênero e dos estudos feministas ao entendimento das relações entre trabalho e família nas sociedades contemporâneas. De fato, até então prevalecia a noção de que a produção para o mercado e o trabalho doméstico seriam regidos por diferentes princípios, isto é, as regras do mercado se aplicariam à produção enquanto o trabalho doméstico seria, por assim dizer, um dote natural que as mulheres aportam ao casamento em troca do seu sustento. Por essa razão, o trabalho doméstico ficou por muito tempo invisível. Carente de um conceito que lhe aferisse existência social, só nas últimas décadas do século XX passou a ser problematizado e integrado aos estudos do trabalho (Sorj, 2004, p. 107).

O trabalho doméstico não remunerado, voltado para o cuidado especificamente da família, é funcional para a reprodução do capitalismo porque além de não produzir custo, também fortalece uma relação de prestação de "serviço voluntário" ligada ao sexo, sustentada pelo patriarcado. Já em relação ao trabalho doméstico remunerado, o que o distingue "do praticado pela mulher no seu lar é justamente o fato de este estabelecer uma relação de *troca por troca* em que a remuneração é o elemento mediador" (Gomes; La Blétière, 2011, p. 53). Além disso, ele é praticado "por uma pessoa *exterior* à esfera privada do domicílio, alterando o processo de execução das tarefas domésticas no campo de uma relação familiar" (Gomes; La Blétière, 2011, p. 53).

O trabalho doméstico remunerado está intrinsecamente vinculado ao trabalho não remunerado, comportando diferenciações em relação aos demais trabalhos assalariados. Por esse motivo, as funções executadas, especificamente, pelas mulheres, não exigem qualificação e sim qualidades e atributos que derivam de uma suposta natureza feminina, daí sua desvalorização e diferenciação das demais ocupações. "Suas atividades se restringem quase exclusivamente ao âmbito da casa, em afazeres que historicamente estiveram ligados às habilidades consideradas femininas, tais como cozinhar, limpar, lavar, passar e cuidar de crianças" (Sped, 2011, p. 1-2).

> A ausência de detalhes e especificidades na enumeração da natureza e variedade das tarefas associadas ao trabalho doméstico é uma característica comum a outras ocupações majoritariamente dominadas por mulheres, o que reflete enviesamentos de gênero. No caso de trabalhos majoritariamente desempenhados por homens, a descrição de tarefas tende claramente a ser mais precisa e perceptível, permitindo entender as várias dimensões do conteúdo de um trabalho. A imprecisão na descrição das tarefas é por si mesmo indicador do baixo valor e da natureza não produtiva que são atribuídos ao trabalho doméstico. Espelha a percepção de um trabalho que não precisa de competências ou conhecimentos específicos, que não compreende nenhuma responsabilidade, e que não é exigente quer em termos de esforço físico, mental ou psicológico e que é desenvolvido num ambiente de trabalho que se assume confortável e livre de quaisquer riscos. O fato de as competências e conhecimentos serem adquiridos informalmente, em ambiente doméstico, como um trabalho que pode ser feito por qualquer pessoa, apto a ser desempenhado por mulheres. Estas imagens escondem a realidade de um trabalho que pode ser física, mental e emocionalmente muito extenuante, especialmente quando envolve a prestação de cuidados e que exige polivalência e capacidade de planejamento e organização (Tomei, 2013, p. 64).

Em uma perspectiva internacional, o trabalho doméstico vem tendo um crescimento generalizado devido às novas necessidades familiares, o que possibilitou um forte impulso para a sua "democratização", "no sentido em que hoje deixa de ser visto como um 'luxo' reservado a uma elite para ser considerado como uma necessidade por um maior número de famílias; fenômeno este" (Gomes; La Blétière, 2011, p. 54-55) que está relacionado à inserção das mulheres no mercado de trabalho[8]. O caso brasileiro tem as suas particularidades, principalmente no que se diz respeito às desigualdades de classes e raça existentes vinculadas, principalmente, ao pensamento escravocrata.

No caso de Portugal, por exemplo, na própria Classificação Nacional das Profissões (CNP), a referência a essa categoria está relacionada a uma função feminina: "Empregada doméstica". Esse vínculo à imagem feminina já apresenta a designação direta e imediata de quem deve exercê-la. Além disso, no contexto português, o número de trabalhadoras imigrantes aumentou consideravelmente, ao mesmo tempo em que há registros de casos de violação de direitos e de diferenciação de remuneração entre as trabalhadoras portuguesas e imigrantes. Um exemplo dessas violações está no período de horas trabalhado pelas mulheres imigrantes, que chegam a atingir mais de 45 horas (Gomes; La Blétière, 2011).

> Através de estudos já realizados fica claro que o número de trabalhadoras domésticas imigrantes aumentou globalmente e que se registram casos de violação dos seus direitos, sobretudo imigrantes em regime interno. Este fenômeno está relacionado com a precariedade do trabalho doméstico e vem afetar a sua natureza dentro do lar, impulsionando não só uma interação cultural que contorna a relação laboral na família como a origem de novos estereótipos em redor desta categoria laboral que terão efeitos no processo de seleção de empregadas domésticas, podendo, de igual forma, atingir a própria relação estabelecida. Além disso, esta

---

8. Com o impulso da participação das mulheres no mercado de trabalho, ocorreram reconfigurações na organização da família, que veio aliada à chegada e o enraizamento do neoliberalismo. Enquanto consequência, tem-se o desmonte de um Estado de Bem-Estar Social e a refração das políticas públicas, transferindo para as famílias a centralidade do cuidado. Nos Estados Unidos e na Europa, a crise financeira "tornou mais evidente outras crises de funcionamento do sistema capitalista e patriarcal: crise ambiental, crise política, crise de cuidados. A morte de pessoas idosas e crianças por falta de cuidados é apenas a ponta mais visível e trágica de um modelo esgotado baseado no sobretrabalho das mulheres, na omissão do Estado e na super exploração das empresas". (Nobre, 2013, p. 2)

situação tende a afetar toda a estrutura econômica do trabalho doméstico, uma vez que se verifica uma desigual distribuição de salários entre portuguesas e imigrantes. O serviço doméstico aparece, desta forma, como uma oportunidade de trabalho para a maior parte das mulheres imigrantes em Portugal. Os serviços de limpeza e o serviço doméstico constituem atividades que têm vindo a absorver uma fatia considerável da força de trabalho das mulheres imigrantes, com destaque para as oriundas dos países africanos de língua oficial portuguesa (PALOP), Europa de Leste e, em menos grau, Brasil. Grande parte destas trabalhadoras não tem contrato escrito. Convém realçar que, para algumas destas trabalhadoras, esta comprovação contratual é, acima de tudo, uma peça incontornável para a sua regularização. Ao passo que, para outras, a relação laboral informal não deixa de ser encarada como útil para as suas estratégias de maximização do rendimento a curto prazo (Gomes; La Blétière, 2011, p. 58-59).

Em relação ao Brasil, o trabalho doméstico remunerado possui legislação específica[9] para regular as condições de trabalho das profissionais. Entretanto, a relação com o empregador é fortemente marcada por relações interpessoais e familiares, o que deforma o perfil profissional da ocupação. Por ser um emprego de "baixa sindicalização, de acesso limitado aos direitos trabalhistas plenos, mesmo quando com carteira de trabalho assinada, e uma ocupação de baixos rendimentos e de longas jornadas" (Sped, 2011, p. 2), tem-se uma forte desvalorização desse trabalho.

---

9. Segundo a publicação do Ministério do Trabalho, *Trabalho doméstico: direitos e deveres; orientações*, publicada em 2013: "A Lei n. 5.859, de 11 de dezembro de 1972, regulamentada pelo Decreto n. 71.885, de 09 de março de 1973, dispõe sobre a profissão do (a) empregado (a) doméstico (a), conceituando e atribuindo-lhe direitos". Além disso, "por força da Emenda Constitucional n. 72, de 02 de abril de 2013, foram estendidos aos/às trabalhadores/ras domésticos/as outros direitos: relação de emprego protegida contra despedida arbitrária ou sem justa causa; seguro desemprego; FGTS; remuneração do trabalho noturno superior ao diurno; salário família; jornada de trabalho; assistência gratuita aos filhos e dependentes; reconhecimento das convenções e acordos coletivos; seguro contra acidente de trabalho; isonomia salarial, proibição de qualquer discriminação, proibição do trabalho noturno, perigoso ou insalubre ao menor de 18 anos".

De acordo com a pesquisa realizada pelo Departamento Intersindical de Estatística e Estudos Econômicos (DIEESE), em 2013, o emprego doméstico apresentou predominância feminina e abrigou o maior número de ocupações[10]. "Em 2011, estimava-se que 6,6 milhões de pessoas [estivessem] ocupadas nos serviços domésticos no país. Deste total, o contingente de mulheres correspondia a 6,1 milhões (92,6%)" (DIEESE, 2013, p. 2).

Até a aprovação da PEC[11], uma parcela expressiva de mulheres que trabalhavam como domésticas enfrentavam a diferenciação da legislação trabalhista que rege a atividade, além de vivenciarem a desigualdade no acesso aos direitos básicos a que muitas trabalhadoras estão sujeitas. Muitas razões explicam esse processo. Uma delas está ligada à origem da atividade, que é associada ao trabalho escravo — uma vez que até a abolição da escravidão, os afazeres da casa ficavam sob responsabilidade de mulheres negras escravizadas — e passam pela desvalorização do trabalho reprodutivo (cuidado do lar e da família) realizado pelas mulheres. Soma-se ainda a característica peculiar de as tarefas serem realizadas no âmbito doméstico e estarem relacionadas à esfera privada, onde o tratamento formal de emprego está aquém da lógica empresarial, que delimita espaços de atuação diferenciados aos impostos na esfera do lar. (DIEESE, 2013, p. 4).

A Organização Internacional do Trabalho (OIT), em sua publicação de 2010, declara que tradicionalmente essa ocupação tem sido a porta de entrada para muitas mulheres no mercado de trabalho, posto que muitas não possuem qualificação profissional, têm baixa escolaridade e nenhuma experiência profissional. Destacamos ainda, que por muito

---

10. "Em cada 100 mulheres que trabalham, 14 são trabalhadoras domésticas. Do ponto de vista numérico, é a ocupação mais importante para as mulheres na América Latina. Na realidade, esta cifra poderia ser ainda maior, já que frequentemente as estatísticas não captam as trabalhadoras que trabalham por hora ou por dia, as trabalhadoras não registradas, as migrantes sem documentos e as meninas que realizam trabalho infantil doméstico" (OIT, 2010, p. 2).

11. A Emenda Constitucional n. 72/2013, mais conhecida como a PEC das domésticas, estende aos trabalhadores domésticos direitos já garantidos pela Constituição Federal.

tempo, quem exercia esse trabalho eram as jovens advindas do meio rural e hoje "continua sendo uma ocupação com uma alta proporção de mulheres provenientes de famílias pobres e as mulheres indígenas e afrodescendentes estão sobrerrepresentadas" (OIT, 2010, p. 2). Assim, nos últimos anos, vem ocorrendo um grande "movimento migratório de mulheres, que buscam melhores opções de trabalho nos países da região [da América Latina e Caribe] onde o trabalho doméstico remunerado oferece maiores salários" (OIT, 2010, p. 2).

As mudanças na divisão sexual do trabalho profissional não foram acompanhadas de transformações que modificassem a divisão social e sexual do trabalho doméstico e familiar, ou seja, não remunerado, ficando ainda a cargo das mulheres a responsabilidade pela gestão e execução das tarefas. Entretanto, Hirata (2004) sinaliza que "a servidão doméstica parece ser refratária às grandes mutações da atividade feminina", ou seja, há uma problemática da dominação que é preciso desvendar. Afinal, "o que move a servidão doméstica?" (Hirata, 2004, p. 43-44).

Ao suscitar elementos da "servidão doméstica", a autora apresenta questões acerca da realização desse trabalho gratuito e voluntário que é executado ao longo da vida inteira das mulheres. Destacam-se duas questões primordiais:

1. Admite-se que se trata efetivamente de *trabalho* (pois pode-se dizer que não se trata de trabalho, mas de serviços prestados em troca de compensações afetivas, materiais, simbólicas; ou que se trata do resultado de negociações no interior do casal, o que pressupõe necessariamente interação e reciprocidade);
2. Postula-se que se trata de *amor* (pois pode-se dizer que não se trata de sentimento amoroso mas de uma lógica interiorizada, de normas e papéis socialmente impostos, de alienação etc.; ou, do ponto de vista do sujeito, de escolhas estratégicas etc.) (Hirata, 2004, p. 44).

Essa "servidão voluntária" que Hirata (2004) aborda é retratada em Marx (1844) como a mulher sendo uma "presa e serva da volúpia comunitária". Essa relação é naturalizada com a degradação do homem como ser genérico. Na lógica capitalista, as mulheres são consideradas propriedade privada e ficam sujeitas a serem possuídas como objetos, o que se expressa na relação contratual do casamento e nas relações entre os sexos no cotidiano. Já para Ávila (2009), essa servidão é um estado "permanente de heteronomia quanto a uma naturalização na representação simbólica das mulheres como seres que devem ser servis e estar à disposição dos outros para cuidar e suprir suas demandas afetivas e materiais no interior do espaço familiar doméstico" (Ávila, 2009, p. 134).

> Isso repercute nos significados que a presença das mulheres adquire em outros espaços, inclusive naqueles da esfera do trabalho assalariado. Ser servil significa estar disponível a qualquer hora do dia e da noite, pois incluídas na dinâmica desse trabalho estão as atividades do cuidado com os/as outros/as. Neste sentido, o tempo do trabalho doméstico é um tempo permanente, ou intermitente, durante todo o dia e todos os dias, prolongando-se para a noite. A disponibilidade permanente significa, em primeiro lugar, no caso do trabalho doméstico, ter o uso do seu tempo voltado para as demandas dos/as outros/as. Mas não é só; deve implicar também, para as mulheres, em manter-se em um estado de atenção e vigília para as necessidades domésticas e familiares (Ávila, 2009, p. 134).

Por fim, Hirata (2004) aponta que, devido à crise econômica, o desemprego em massa e o surgimento dos denominados "empregos de proximidade", ocorreu a transformação do estatuto do trabalho doméstico "por meio do assalariamento de um certo número de suas dimensões, [que] também contribui para esclarecer de modo diverso a problemática da servidão doméstica" (Hirata, 2004, p. 44). Nesse sentido, há uma reprodução contínua, através da "servidão voluntária", da manutenção do modelo econômico hegemônico e da relação de opressão/dominação existente entre os sujeitos[12].

---

12. "Para Kergoat (1998), a noção de trabalho doméstico não é a-histórica. O trabalho doméstico, segundo essa autora, é uma forma histórica particular que toma o trabalho reprodutivo,

## 2.4 A Mundialização do *Care* no contexto de precarização do trabalho feminino

Estudos internacionais e nacionais[13] têm demonstrado a crescente participação das mulheres no mercado de trabalho, marcada, de forma considerável, pela precarização e flexibilização, aspectos esses que foram fundamentais para o desenvolvimento do capitalismo contemporâneo. Hirata (2010b) nos chama a atenção para os processos de subordinação mediados pelo mercado, os quais apresentam as denominadas responsabilidades femininas estruturadas em "mercados de trabalho que são desvantajosos para as mulheres, resultando em um poder desigual no mercado econômico, que, por sua vez, reforça e exacerba o poder desigual na família" (Hirata, 2010b, p. 1). São essas relações que demarcam um círculo vicioso entre trabalho, família e sociedade, colocando as mulheres como reféns da divisão sociossexual do trabalho.

> As mudanças recentes no mundo do trabalho e da produção, com seu séquito de desigualdades sociais renovadas, tendem a modificar a divisão sexual do trabalho e particularmente uma de suas dimensões, a divisão do trabalho entre homens e mulheres. Precarização e informalização se desenvolvem, tanto nos países do Norte quanto do Sul, sem a proteção do Estado Providência, inexistente, débil ou em crise, com a adoção crescente de políticas neoliberais (Hirata, 2002b, p. 341).

Com as mudanças ocorridas no mundo do trabalho, através da reestruturação produtiva, as mulheres foram convocadas a assumir

---

sendo esta forma inseparável da sociedade salarial (Kergoat, 2004). O trabalho doméstico é definido por Kergoat (1998) como aquele através do qual se realizam as tarefas do cuidado e da reprodução da vida, um elemento fundante dessa divisão e, portanto, funcional e integrado ao modo de produção capitalista" (Ávila, 2009, p. 125).

13. Para maior aprofundamento, buscar Ferreira (2010); Hirata (2002b); (2010b), Bruschini (2007); De Graff e Anker (2004); Lavinas (1999); (2001).

o campo da produção, sendo que os fatores econômicos implicaram em "modificações no processo de trabalho onde a desqualificação e a fragmentação de tarefas coincidem com a expansão do emprego feminino" (Souza-Lobo, 2011, p. 168). No contexto brasileiro, Souza-Lobo (2011) sinaliza que o crescimento dos ramos industriais e a expansão do emprego feminino nos anos 1970 vieram acompanhados da redução do salário mínimo e da reformulação da sobrevivência familiar, através da inserção de mulheres, adolescentes e crianças no trabalho industrial.

Essa inserção das mulheres na esfera produtiva não veio desacompanhada de um movimento político, ocorrendo nesse período a transformação dos padrões culturais e éticos que normatizavam os comportamentos de homens e mulheres, intensificada pelo movimento feminista. Entretanto, mesmo com a inserção e participação das mulheres no mercado de trabalho, as desigualdades sociossexuais nas relações sociais continuavam a ser reproduzidas.

Ao longo das décadas seguintes ocorreram transformações no mercado de trabalho, direcionadas às mulheres. Além disso, a globalização econômica e financeira trouxe uma série de repercussões que puderam estabelecer oportunidades, mas também desafios. Para Hirata (2002b) "trata-se de um dos paradoxos da globalização, este aumento do emprego feminino remunerado acompanhado pela sua precarização e vulnerabilidade crescentes" (Hirata, 2002b, p. 28).

> Os efeitos da globalização, complexas e contraditórias, afetaram desigualmente o emprego masculino e feminino nos anos noventa. Se o emprego masculino regrediu ou se estagnou, a liberalização do comércio e a intensificação da concorrência internacional tiveram por consequência um aumento do emprego e do trabalho remunerado das mulheres ao nível mundial, com a exceção da África subsaariana. Notou-se um crescimento da participação das mulheres no mercado de trabalho, tanto nas áreas formais quanto nas informais da vida econômica, assim como no setor de serviços. Contudo, essa participação se traduz principalmente em empregos precários e vulneráveis, como tem sido o caso na Ásia, Europa e América Latina. (Hirata, 2001, 2002, p. 143).

Bruschini (2007) apresenta, em seu estudo, um panorama do trabalho feminino, dando destaque à intensidade e constância do crescimento da participação feminina no mercado de trabalho brasileiro, no período de 1993-2005. Os dados foram extraídos de indicadores do IBGE, por meio do Censo Demográfico, identificando assim a População Economicamente Ativa (PEA) no período pesquisado. A autora identificou que em 1995 havia 40% de mulheres na PEA, representando 27,8 milhões, para 59,6% de homens na PEA, sendo 41,9 milhões. Já no ano de 2005, havia 43,5 % das mulheres na PEA, sendo 36,6 milhões, para 56,5% de homens na PEA, 50,4 milhões (Bruschini, 2007, p. 540).

A "Pesquisa Mensal de Emprego", publicada em 2010 pelo IBGE, apontou que a maioria das mulheres pertence à população não economicamente ativa, o que significa, que no ano de 2009, constatou-se que em média, eram 10,6 milhões de mulheres inseridas na força de trabalho, sendo 9,6 milhões ocupadas e 1,1 milhão desocupadas. Em relação às mulheres em inatividade, a estimativa foi de 11,3 milhões[14]. Em dados mais recentes, apresentados na *Pesquisa Nacional por Amostra a Domicílios Contínua*[15], referente aos anos 2012 e 2013, identifica-se que os homens representam 61,1% da população ocupada no Brasil. A própria pesquisa ressalta que as mulheres são aquelas que apresentam maioria na população em idade para trabalhar; todavia, a predominância da população ocupada é masculina. Já na publicação que apresenta o panorama das relações de gênero no Brasil, o IBGE (2014) demonstrou que as desigualdades entre homens e mulheres aumentaram consideravelmente, entre os anos 2000 e 2010, quando as mulheres receberam, em média, até 70% do salário dos homens. Além disso, destaca-se que não se mantém apenas as diferenças entre homens e mulheres, mas também entre as próprias mulheres no quesito raça, expressando, nesse sentido, a divisão sociossexual e racial do trabalho.

---

14. Fonte: IBGE/PME, 2010.
15. Fonte: IBGE/PNADS, 2013.

Em uma perspectiva internacional, na qual o Brasil está incluso, Hirata (2010b) problematiza os paradoxos do emprego feminino na era da acumulação flexível. Destaca, ainda, quatro aspectos das configurações atuais da divisão social e sexual do trabalho: divisão sexual do trabalho profissional e doméstico; precarização social e do trabalho; expansão do *care* das migrações internacionais femininas; por fim, a globalização e a divisão sexual do trabalho. Adiante desenvolveremos esses aspectos.

No primeiro aspecto, a divisão sexual do trabalho profissional e doméstico, existem dois elementos importantes a serem destacados: o primeiro diz respeito à bipolarização do emprego feminino e o segundo às mudanças nos modos de organização/conciliação da vida familiar e profissional.

No que diz respeito à divisão sexual do trabalho profissional e doméstico, pode-se destacar uma certa bipolarização que se resulta dos processos educacionais. As mulheres são mais instruídas do que os homens em todos os níveis de escolaridade[16] em diversos países. Entretanto, de um lado, encontram-se mulheres formadas com nível superior, e, no outro lado, mulheres que se encontram em setores tradicionalmente femininos (empregadas domésticas, auxiliares de enfermagem, professoras de ensino básico, prestadoras de serviços etc.). Esse fenômeno ocasiona um agravamento no que diz respeito às desigualdades sociais, tanto entre mulheres e homens, mas, principalmente, entre as próprias mulheres:

1. Um polo é formado por mulheres executivas, profissionais intelectuais de nível superior (médicas, advogadas, juízas, arquitetas,

---

16. A pesquisa *"Algumas características da inserção das mulheres no mercado de trabalho"*, publicada em 2008 pelo IBGE e realizada nas cidades de Recife, Salvador, Belo Horizonte, Rio de Janeiro, São Paulo e Porto Alegre, aponta que 59,8% das mulheres, em janeiro de 2008, possuíam 11 anos ou mais de estudos. Em relação aos homens, esse mesmo nível de escolaridade foi de 51,9%. Já na publicação *"Mulheres"*, organizada pela Secretaria de Assuntos Estratégicos da Presidência da República em 2010, Freire (2010) afirma que os 62% que constituem os formandos do Ensino Superior são mulheres.

engenheiras, jornalistas, professoras universitárias, pesquisadoras, publicitárias etc.);

2. Outro polo é constituído por mulheres em setores tradicionalmente femininos: empregadas domésticas e diaristas (categoria profissional a mais numerosa no Brasil); setor público e de saúde (auxiliares de enfermagem); educação (professoras de maternal e ensino fundamental, sobretudo); prestação de serviços; profissionais do trabalho do cuidado (Hirata, 2010b, p. 2).

Em 2014, o IBGE[17] publicou uma síntese da pesquisa realizada nos anos de 2012-2013, identificando que a maioria das trabalhadoras com carteira de trabalho assinada são mulheres brancas, sendo 58,4%. As negras (pretas ou pardas)[18] compõem a maior proporção de trabalhadoras domésticas, sendo elas 57,0%, e as sem carteira assinada representam 62,3%. Em relação à desigualdade entre as mulheres, no que se refere à escolarização, as negras representam 42,5% das mulheres sem instrução e com nível de ensino fundamental incompleto, enquanto as brancas representam 28,2%.

As disparidades também são localizadas no nível superior: as mulheres brancas são 26,0% considerando que as condições destas são mais favoráveis em relação às mulheres negras que ficam em 11,2%. Já em relação ao nível de escolaridade das mulheres ocupadas, essa é superior ao dos homens, que apresentam uma maior proporção de ocupados sem instrução e sem ensino superior incompleto, 45,5%, enquanto as mulheres são 34,8%. Portanto, fica evidente, na bipolarização, a divisão sócio-racial do trabalho feminino entre brasileiras.

Ainda sobre a bipolarização, é importante destacar o crescimento dos empregos de serviços, não apenas no Brasil[19], mas também na

---

17. Informações retiradas da página oficial do IBGE: saladeimprensa.ibge.br.

18. Pretas e pardas são terminologias utilizadas pelo IBGE referentes à cor. Utilizaremos o termo negra para nos referirmos a pretas e pardas.

19. Em 2014, o setor de serviços cresceu 6% e em 2013 sua expansão foi de 8,5%, segundo dados apresentados pelo IBGE e noticiados na página virtual: g1.globo.com. É importante

Europa e Estados Unidos, tendo seu aceleramento, principalmente, nos anos 1990. Para Hirata (2002b), as consequências da expansão do setor de serviços[20] ocorre pela perversidade do seu estatuto de profissão inferiorizada, precária e desvalorizada. Tais características se fortalecem a partir da sua associação ao gênero feminino, devido à atribuição do lugar das mulheres no seio familiar, vinculada à ideia de "relação de serviço", "estar a serviço".

Em relação às transformações das formas de organização/conciliação da vida familiar e vida profissional, é importante destacar que, ainda hoje, o trabalho doméstico é efetuado hegemonicamente pelas mulheres. Nesse sentido, Hirata (2010b) apresenta quatro modelos de organização da conciliação:

1. **Modelo Tradicional**: a mulher não trabalha fora assumindo cuidados da casa e dos filhos, e o homem provedor;
2. **Modelo de Conciliação:** a mulher trabalha fora, mas concilia trabalho profissional e trabalho doméstico; o homem não concilia;
3. **Modelo de Parceria:** mulheres e homens repartem tarefas domésticas e cuidados da família (observação: a parceria supõe igualdade);
4. **Modelo de Delegação:** a mulher delega a outras mulheres o cuidado da casa, família e crianças. (Por exemplo: mulheres executivas e com postos de responsabilidade só podem trabalhar se outras assegurarem essa tarefa) (Hirata, 2010b, p. 2, grifo nosso).

Hirata e Kergoat (2007) problematizam que entre os modelos e a realidade há diferenças, já que, em geral, o modelo de conciliação tende a ser adotado, cabendo às mulheres conciliarem o trabalho profissional com a vida familiar. O estudo publicado, em 2007, pelo IBGE e intitulado *Tempo, trabalho e afazeres domésticos: um estudo com*

---

assinalar que a maior taxa de crescimento de serviços está relacionada aqueles prestados diretamente às famílias, com alta de 9,2% em 2014 e 10,2% em 2013.

20. Esses serviços estão vinculados às seguintes funções: cuidado com crianças, idosos, doentes, trabalho doméstico remunerado, limpeza etc.

*base nos dados da Pesquisa Nacional por Amostra de Domicílios de 2001 a 2005*, apresenta os seguintes dados em relação ao tempo dispensado por homens e mulheres no trabalho doméstico:

> No conjunto de cônjuges que realizam afazeres domésticos, 96% são mulheres, resultado influenciado pelo grande peso de cônjuges mulheres. No caso das pessoas na condição de filhos e que cuidam dos afazeres, para cada dez, 6 são mulheres e 4 homens. Na categoria de outros parentes, o percentual de mulheres que realizam tais atividades é de 67%. No total dos responsáveis, a relação é mais equilibrada sendo 42% mulheres e 58% homens, porém isso não significa que os homens chefes de família são os que mais fazem afazeres domésticos, mas sim que o número de chefes homens é significativamente maior nas famílias brasileiras. Um outro aspecto importante é o tempo dedicado aos afazeres domésticos de homens e mulheres de acordo com os arranjos familiares. A jornada doméstica média das cônjuges é cerca de o triplo da jornada dos cônjuges do sexo masculino (31,1 horas semanais), quase a mesma jornada das mulheres no mercado de trabalho que é de 34,7 horas semanais. São as pessoas do sexo masculino na condição de "filho" que apresentam a menor jornada em afazeres domésticos (8,6 horas semanais), o que indica uma construção social, inerente no âmbito da família, de que cabe às mulheres e à mãe o trabalho doméstico. As filhas mulheres gastam 14,9 horas semanais em afazeres domésticos e sua carga de trabalho aumenta ainda mais se elas vivem em um lar onde a mãe não tem cônjuge e tem filhos maiores e menores de 14 anos (17,5 horas semanais). Neste tipo de arranjo, geralmente recai sobre as meninas tais afazeres porque se a mãe não possui cônjuge e é responsável pelo sustento da família no mercado de trabalho, é praticamente inevitável para as meninas o trabalho doméstico e cuidado dos irmãos (Soares; Saboia, 2007, p. 23).

O modelo de delegação tem sido adotado, especialmente no caso brasileiro, pelas camadas médias e altas, sustentado pelas desigualdades raciais e de classes. Portanto, um dos fatores que podem ser destacados em relação à execução do trabalho doméstico é o rendimento, já que, aquelas que podem pagar, conseguem transferi-lo a uma outra mulher para executá-lo, diminuindo, inclusive, o tempo dispensado ao trabalho doméstico e de *care*.

> Nas famílias mais pobres (com rendimento familiar de até 1 salário mínimo *per capita*) o maior tempo observado despendido pelas mulheres nessas atividades ocorre nas famílias formadas por casal com filhos menores de 14 anos (33,2 horas semanais). No caso das famílias com rendimento familiar *per capita* acima de 3 salários mínimos a jornada é mais intensa para as mulheres em famílias formadas por casal com filhos maiores de 14 anos (26,5 horas semanais). Para os homens, a maior jornada observada em afazeres domésticos ocorre se eles vivem em arranjos familiares com cônjuge sem a presença de filhos (11 horas semanais). Estes dados, de certa forma, expressam o entendimento dos homens de que a responsabilidade pelos filhos é da mulher. Nas famílias com rendimento maiores, observou-se uma redução das jornadas masculinas e femininas na realização de afazeres domésticos. Essa menor jornada pode ser explicada de um lado pelo menor tamanho da família e, de outro, pela provável presença de empregado doméstico nas famílias com rendimento mais elevado. No caso das mulheres, a questão do tamanho da família interferindo na jornada média em afazeres domésticos pode ser facilmente comprovada. A análise das jornadas médias nos arranjos familiares "casal sem filhos" e "casal com filhos" mostraram que a jornada feminina aumenta com a presença de filhos na família, independente do rendimento familiar. No entanto, no caso dos homens, se observa uma redução da jornada destes com tais atividades quando há a presença de filhos. Não há uma explicação para essa redução, mas reafirma a questão de que a responsabilidade dos filhos e da casa é das mulheres. Tem-se, portanto, que o tipo de arranjo familiar influencia a participação das pessoas nas tarefas domésticas. No caso das famílias com baixo rendimento, a presença de filhos com idade abaixo de 14 anos exige uma participação mais intensa das mulheres nos afazeres domésticos. De fato, esta fase da educação infantil e idade escolar obrigatória requer uma série de cuidados por parte dos responsáveis não somente referentes à provisão de infraestrutura, mas também ao desenvolvimento psicossocial das crianças" (Soares; Saboia, 2007, p. 26-27).

É importante destacar como esse fenômeno da submissão e desigualdade entre as mulheres é reatualizado na realidade brasileira. Cabe recordar que nos primeiros anos da industrialização, no início do século XX, as mulheres negras (as ex-escravizadas) foram trabalhar para as famílias das camadas altas, dedicando-se à prestação de serviços domésticos. Já as mulheres das camadas médias poderiam optar por serem professoras, enfermeiras etc. e as mulheres pobres direcionavam-se para as indústrias. Assim é necessário atentarmos para os processos sócio-históricos que permeiam a divisão sociossexual e racial do trabalho e reafirmam a desigualdade, a submissão e a "exploração"[21] das mulheres em relação aos homens e em relação a elas mesmas, principalmente no caso brasileiro.

> As diferenças de classe entre mulheres são, historicamente, um determinante da sua inserção na relação trabalho doméstico/trabalho assalariado. O trabalho doméstico sempre foi de responsabilidade das mulheres, para as mulheres de todas as classes. Há, no entanto, uma desigualdade social histórica na forma de enfrentar essa relação. Para as mulheres das classes populares, a inserção no mercado de trabalho formal ou informal sempre significou a vivência de jornadas formadas por trabalho gratuito e assalariado, a qual impõe muitas dificuldades a serem enfrentadas como parte da vida cotidiana. As mulheres de classe média estiveram, na tradição, de forma muito minoritária de trabalho e, na maioria dos casos, por períodos de curta duração. Quando do casamento e da constituição da família, de uma maneira geral, faziam um retorno às atividades do "lar", com exclusividade (Ávila, 2009, p. 130-131).

Outro aspecto relacionado à precarização social e do trabalho diz respeito ao "trabalho precário [ser] majoritariamente feminino".[22] É preciso estabelecer as diferenças entre a desigualdade no mercado

---

21. A exploração no âmbito doméstico não é a mesma da esfera produtiva.
22. Para maior aprofundamento, buscar Assunção (2013).

de trabalho entre homens e mulheres, mulheres e mulheres e as desigualdades na esfera doméstica. Os três aspectos se inter-relacionam e são importantes para a compreensão do fenômeno que tem convocado a participação feminina, de forma intensa, no mercado de trabalho (Hirata, 2010b, p. 3).

Nessa realidade de precarização, as mulheres oferecem ao capital uma participação subalterna e mais lucrativa, já que "são menos protegidas, tanto pela legislação do trabalho quanto pelas organizações sindicais, e são mais vulneráveis" (Hirata, 2001, 2002, p. 144). Essas experimentações podem ocorrer das formas mais variáveis possíveis, principalmente no caso brasileiro, que tem em seu processo sócio-histórico padrões escravocratas e clientelistas, recriando relações de exploração e de submissão de diversas formas. A partir de pesquisas sobre trabalho e desemprego em âmbito internacional, Hirata (2009) apresenta três indicadores do trabalho precário:

1. Ausência de proteção social e de direitos sociais, inclusive de direitos sindicais: o trabalho informal nos países do Sul concerne a atividades realizadas sem proteção social (previdência social, aposentadoria), férias etc. O mesmo ocorre com um certo número de empregos do setor de serviços nos países do Norte (trabalhadores domésticos, faxineiras etc.);
2. Horas reduzidas de trabalho, que resultam em salários baixos e que levam frequentemente à precariedade; por exemplo, uma mulher que trabalhe em tempo parcial, mesmo tendo um contrato por tempo indeterminado, pode ser considerada como alguém que exerce um trabalho precário;
3. Níveis baixos de qualificação: a ausência de qualificação formal e a consequente baixa renda levam, em inúmeros casos, à precariedade e ao desemprego (Hirata, 2009, p. 26).

Segundo a autora, esses indicadores apontam para uma dada divisão sexual da precariedade, já que as mulheres, mais do que os homens, são as que vão ocupar empregos de baixa qualificação e de menor carga horária. Como as mulheres são particularmente atingidas pela precarização e a flexibilização[23], é evidente que elas tendem a ocupar lugares singulares na divisão social do trabalho, como o comércio e o setor de serviços. Hirata (2011), em seu artigo *Tendências recentes da precarização social e do trabalho: Brasil, França, Japão*, destaca dois setores que se encontram em expansão e que absorvem as mulheres de forma massiva e, por vezes, são temporários, com baixos salários e relativamente limitados ao tempo. São eles: o telemarketing[24] e o *care*[25].

> Se houve crescimento no número de mulheres gerentes nas divisões financeiras do setor de bancos e seguros, o "emprego de serviços", o chamado "serviço pessoal" (trabalho doméstico remunerado, guarda de idosos e crianças etc.), também cresceu significativamente durante toda a década de 90 na Europa, nos Estados Unidos e no Brasil. A multiplicação desse tipo de emprego em serviços reforça a "heterogeneidade" do setor terciário, em virtude da emergência de novas profissões femininas altamente qualificadas e proporcionalmente bem remuneradas. (...). Em oposição a essas tendências recentes no trabalho profissional feminino, as mudanças no trabalho doméstico são menores e muito mais lentas. Se o forte desenvolvimento das tecnologias domésticas tendeu a facilitar essas tarefas, a divisão sexual do trabalho doméstico e a atribuição deste último às mulheres, em realidade, continuou intacta. A relação

---

23. "A flexibilidade do trabalho repousa sobre níveis variáveis, mas sempre presentes, de rigidez nos comportamentos sociais. Entre esses fatores de rigidez, a divisão sexual do trabalho é central. Paradoxalmente, ela possibilita a organização flexível do trabalho: o trabalho assalariado das mulheres, principalmente sob a forma de trabalho em tempo parcial compulsório, e o trabalho assalariado dos homens, possibilitado pelo trabalho doméstico das mulheres" (Cattanéo; Hirata, 2009, p. 109).

24. Para maior aprofundamento, buscar Nogueira (2011).

25. Na realidade europeia, o *care* "tem relação estreita com o processo de migração internacional das mulheres, em sua grande maioria, que trabalham no cuidado a outrem, idosos, crianças, doentes e deficientes, pessoas dependentes em geral (Hirata, 2010). Essa migração internacional, que se desenvolveu no contexto de crise e de precarização, indicou uma centralidade das mulheres no trabalho e como ativistas desse processo. As migrações internacionais feministas representam um dos fatores que agravam o movimento de precarização do trabalho das mulheres. Elas se encontram em situação precária, pois raramente têm contratos que garantam todos os direitos sociais". (Hirata, 2011, p. 14).

entre o trabalho doméstico e a afetividade parece estar no centro dessa permanência. (Hirata, 2001, 2002, p. 149-150).

Ressaltamos que o trabalho de *care* tem levantado elementos e estimulado pesquisas no campo da Sociologia do Trabalho. Hirata (2009, p. 32) descreve algumas características que envolvem este trabalho, afirmando que "a globalização do *home care* contribui fortemente hoje em dia para trazer para a esfera pública questões anteriormente atinentes apenas à esfera privada, até mesmo à intimidade". Ao trazer para a esfera pública questões que ficavam restritas ao espaço doméstico, é possível desvendar e problematizar dois importantes traços:

1. Torna-se atual a questão do reconhecimento das qualidades ditas femininas (o "cuidado" com o outro, a competência relacional) enquanto competência profissional. (...) Os homens possuem qualificações, as mulheres "qualidades", consideradas naturais, inatas, na medida em que não foram adquiridas pela formação profissional;
2. Levar a reconhecer, na esfera pública, o trabalho realizado pelas mulheres na esfera privada e, consequentemente, transformar trabalho doméstico em trabalho mercantil — eventualmente efetuado em um âmbito misto, também por homens —, reconhecimento tanto social quanto financeiro (Hirata, 2009, p. 32)[26].

Com o trabalho doméstico e de *care* transformado em mercadoria, ocorreu o crescimento mundial do emprego assalariado das

---

26. Para Nobre (2013, p. 4-5 grifo do autor), "muitas vezes os estudos de cuidado descrevem sua realização em diferentes esferas: família, mercado, Estado e a responsabilização de cada uma delas. A mercantilização é definida pela transferência de atividades realizadas pela família, com trabalho remunerado, ou pelo Estado para o mercado. (...) Mais do que a transferência a uma esfera de organização da sociedade a mercantilização é uma categoria política, que expressa à expansão das relações de mercado sobre os *commons* (natureza, conhecimento, saúde, ...). Este processo implica em fragmentar, cercar, atribuir um valor monetário e criar uma demanda. Em relação ao trabalho implica em adotar medidas de eficácia, eficiência, produtividade e rentabilidade e associa-se a remuneração a esses critérios. Em relação à sociedade, implica que mais pessoas e cada pessoa em mais domínios de sua vida tenham meios de vida por meio de dinheiro".

mulheres, sendo ele apropriado em forma de "serviço". Entretanto, por esse trabalho não exigir uma qualificação para ser executado e por estar atrelado a uma essencialização do feminino, a remuneração e as condições do exercício profissional dessas trabalhadoras permanecem precárias e subalternizadas.

> A luta pelo reconhecimento das qualidades ditas femininas (o "cuidado" a outrem, a competência relacional sobretudo) como competência profissional é sem dúvida um dos momentos essenciais da correlação de forças que se estabelece hoje entre os sexos e entre as classes sociais. Estamos aqui face a um aspecto importante do processo de "reconfiguração" das relações de gênero (...). O reconhecimento na esfera pública do trabalho realizado pelas mulheres na esfera privada é fundamental para a cidadania (Lister, 2000), e essa mercantilização do trabalho doméstico pode levar tanto à desvalorização quanto ao reconhecimento. A direção que pode tomar tal processo depende fundamentalmente da correlação de forças criada pelos movimentos das mulheres (Hirata, 2004, p. 19).

Carrasco (2001 *apud* Hirata, 2010, p. 4) denomina de "internacionalização do trabalho reprodutivo" a expansão do *care* devido a um intenso fluxo migratório, ocorrido nas últimas décadas. Essa expansão nos possibilita problematizar as novas configurações da divisão sociossexual do trabalho e de que maneira sua composição tem convocado a participação das mulheres na dinâmica da globalização. Portanto, questionamos a naturalização do trabalho de *care* como algo inerente à essência feminina, o que tem como consequência direta a sua desvalorização enquanto profissão. Além disso, um outro aspecto está relacionado à "servidão voluntária", sendo que o *care* possibilita o questionamento em relação à gratuidade que envolve o trabalho doméstico exercido no seio familiar.

Essa internacionalização do trabalho reprodutivo decorre de um intenso fluxo de migração de mulheres dos países do Sul da Europa para os países do Norte na busca por empregos. As mulheres deixam seus filhos e suas famílias para cuidarem de outros, na esperança de melhorarem as condições de vida. Ou seja, são essas migrantes do Sul que "para fazer 'o trabalho das mulheres' do Norte, deixam seus próprios filhos aos cuidados das avós, irmãs, cunhadas, e às vezes só voltam para casa depois de longos períodos" (Hirata; Kergoat, 2007, p. 605).

Hirata (2010) chama a atenção para o fato de que esse tipo de trabalho implica uma série de sacrifícios e sofrimentos. Um primeiro sacrifício está relacionado à ruptura mãe-filho, pois, devido à migração, elas não podem conviver com seus filhos e família, diferente daquelas que contratam seus serviços. Outro sacrifício diz respeito à recompensa financeira. A maioria dessas trabalhadoras que executam o *care* encontram-se na informalidade e em situação precária. Portanto, em um contexto internacional é possível afirmar que a "precarização tem rosto de mulher"[27].

Por fim, cabe-nos retratar acerca da globalização e da divisão sexual do trabalho, afirmando que "o gênero é um organizador chave da globalização neoliberal" (Hirata, 2010, p. 5), o que implica diretamente no aprofundamento e o aumento das desigualdades de classe, gênero e raça/etnia devido à reorganização da divisão mundial do trabalho, demonstrando que esse fenômeno não é apenas uma particularidade da realidade brasileira. Logo, as consequências da globalização sobre a divisão sexual do trabalho são as seguintes:

1. A mundialização criou mais empregos femininos, mas empregos ao mesmo tempo mais precários e mais vulneráveis;
2. A abertura de mercados e a política de desregulamentação implicaram em condições de trabalho desfavoráveis para as mulheres, aumentando a carga de trabalho remunerado e não remunerado;
3. Privatização — uma parte do trabalho de reprodução social, assegurada antes pelo Estado, passa a ser remetido à esfera familiar e ao mercado de trabalho precário (trabalho feminino pouco remunerado para assegurar o trabalho de reprodução social) (Hirata, 2010, p. 5).

---

27. Título do livro de Assunção (2013).

Tais elementos apresentam o crescimento do trabalho doméstico e de *care*, sinalizando características desfavoráveis para as mulheres em uma esfera internacional. Os inúmeros sacrifícios nem sempre são compensados financeiramente, pois uma grande parte das trabalhadoras do *care* encontram-se em situação precária e instável, afirmando um dos traços das novas configurações da divisão sociossexual do trabalho.

Diante disso, é de suma importância avançar na identificação das múltiplas modalidades do *care*, sendo primordial identificar, através das políticas públicas e nas reconfigurações no padrão de reprodução, como esse fenômeno atinge as famílias e produz a privatização do cuidado, reforçando o papel das mulheres como cuidadoras.

A partir de pesquisas já existentes sobre o *care* em alguns países, principalmente europeus, retrataremos as experiências e particularidades do *care* no Japão, na França e na Espanha. Em geral, as experiências pesquisadas são direcionadas aos cuidados a idosos e crianças. No contexto brasileiro, é possível localizar pesquisas que se debruçam sobre o campo da saúde (agentes comunitárias), da assistência (agentes de proteção social), da geriatria e da gerontologia (cuidador de idosos), bem como pesquisas relacionadas às empregadas domésticas. Contudo, nos deteremos às experiências internacionais.

De acordo com Guimarães, Hirata e Sugita (2011, p. 159), a configuração do mercado de trabalho do *care* no Japão ocorre por meio das mulheres nativas, pois há uma legislação específica do país que proíbe a introdução da mão de obra estrangeira não qualificada no mercado de trabalho. Esses serviços de prestação de cuidado em domicílio tiveram início em 1956 e foram introduzidos na região de Nagano por iniciativa dos Conselhos de Assistência Social. São chamados *homehelper*, cuidadores domiciliares, sendo que, em 1991, ocorreu a institucionalização da formação e da classificação. Portanto, foi possível distinguir a habilitação e a competência profissional dessa ocupação.

> No Japão, onde quase não existem empregadas domésticas, a continuidade dos cuidados é dificilmente concebível, requerendo, por

isso mesmo, uma combinação entre diferentes agentes prestadores de cuidados: desde os familiares aos ajudantes com contrato privado, passando pelos *homehelpers* contratados no quadro do LTCI e/ou no caso das instituições de cuidados, pelos *kaigo fukushishi* (cuidadoras e cuidadores diplomados pelo Estado após três anos de experiência ou de estudos) (Guimarães; Hirata, Sugita, 2011, p. 160).

A problematização da promoção do cuidado de longa duração no Japão surge em 1960, sendo, especificamente, uma necessidade dos idosos permanentemente acamados. Em 1962, quando o serviço de envio de cuidadores domiciliares é introduzido, eles não possuíam qualquer qualificação ou formação e é nesse momento que as mulheres em situação de vulnerabilidade assumem essas ocupações. Nesse instante, o *care* e o trabalho doméstico não se diferenciavam (Guimarães; Hirata, Sugita, 2011, p. 162).

O ano de 1969 marca uma mudança política de serviço em domicílio com a conscientização sobre o problema cada vez mais premente do envelhecimento. No entanto, a política focava o desenvolvimento de instituições de cuidado e o serviço em domicílio era visto apenas como um paliativo para superar a precariedade dessas instituições. As *home helpers* deviam prestar o mesmo serviço que os especialistas empregados nas instituições, o que indicava uma abertura para o reconhecimento da competência profissional das mesmas. No entanto, em meados da década de 1970, o governo central sai de cena, transferindo para os governos locais, as comunidades, e as organizações privadas a responsabilidade da execução das ações de *welfare*. Na prática, o cuidado domiciliar aos idosos passa a recair sobre as mulheres voluntárias. Em 1976, um serviço de envio de cuidadores de idosos *(rojin kaigonin hakenjigyo)* é implementado, proporcionando benefícios a moradores do bairro para aqueles que cuidassem dos idosos que precisassem de ajuda em casa. Em 1982, essa instituição foi abolida; esses cuidadores *(kaigonin),* indivíduos sem formação, foram integrados e agrupados aos cuidadores em domicílio *(katei hoshiin)*. Tais medidas ceifaram a possibilidade de especialização e profissionalização do trabalho de *care*, introduzindo, ao revés, uma forte ligação com o trabalho das donas de casa (Morikawa, 1999). Essa situação foi alterada apenas com a introdução do LTCI, em 2000, que associou o trabalho de cuidador em domicílio ao trabalho feminino construído e consolidado durante esse processo histórico (Guimarães; Hirata, Sugita, 2011, p. 162-163).

Devido às particularidades da realidade japonesa, o cuidado referente aos idosos tem lugar de destaque nas relações familiares e cabe às mulheres prover esse cuidado. "Isso significa que o *care* informal e não remunerado tem um papel central no país" (Guimarães; Hirata, Sugita, 2011, p. 160). Cabe destacar que a divisão entre os sexos na educação japonesa é bastante demarcada pelos ritos e pelos símbolos, ao longo da educação das crianças e dos jovens. Ademais, essa formação serve tanto para a esfera reprodutiva quanto para a esfera produtiva.

> Essa maneira de se comportar não é obtida apenas por meio do aprendizado das tarefas domésticas comuns nos países ocidentais (costura, cozinha, cuidar dos mais jovens), mas também, e sobretudo, por intermédio do exercício das profissões e artes especificamente japonesas: o arranjo de flores, mas também a cerimônia do chá, a dança e o canto tradicionais, a caligrafia (*shují*), a costura do quimono (*wassaí*), o *koto* (instrumental musical) são artes japonesas em que a boa postura é também obtida pelo uso do quimono, que, mesmo restrito hoje às festas e cerimônias, serve para disciplinar o corpo feminino, mantendo-o rígido com a ajuda de várias faixas (Hirata, 2012, p. 136-137).

Assim, desde o nascimento, a menina é educada para respeitar os homens, que serão os primeiros (ao contrário do *ladies first* da ética ocidental) a ser servidos à mesa e a ter os melhores pedaços, os primeiros a entrar no banho, o que consagra e reproduz o preceito feudal das mulheres dentro e dos homens fora *(oto wa sotomawari, tsuma wa utimawari)* e a regra de obediência da jovem ao pai, da casada ao marido e da idosa ao filho mais velho (Hirata, 2012, p. 136).

Em relação à formação, existem no Japão três tipos de categorias de *homehelpers*, que variam a titulação de acordo com o número de horas:

1ª categoria, diplomas em curso com 230 horas; 2ª categoria, em curso com 130 horas e 3ª categoria, em cursos com 50 horas. Além disso, há também diplomas emitidos pelo "Estado que titulam especialistas na área do *care*. Entre esses/as diplomados/as, o/a trabalhador/a mais próximo/a do *helper*, do ponto de vista da atividade realizada, seria o *kaigo fukushihi*, mais frequentemente empregado pelas instituições de cuidado" (Guimarães; Hirata, Sugita, 2011, p. 168).

Por fim, Hirata (2012c) assinala que, comparado a outros países industrializados, o Japão caracteriza-se pelo envelhecimento populacional em ritmo acelerado, o que explica o crescimento do trabalho de *care*, seja em instituições de cuidado para idosos ou em espaços domiciliares. Cabe destacar que o "Ministério da Saúde, do Trabalho e do Bem-Estar do Japão estimou, em 2008, a existência de 359.226 cuidadores/as em domicílios para pessoas fragilizadas" (Hirata, 2012c, p. 158). Já no cenário atual, existem 1.180.000 trabalhadores do *care* no Japão, o que representa 1,8% da população empregada.

Em relação à experiência francesa, o atendimento à pessoa idosa configura-se como um problema público a partir dos anos 1990, "devido ao crescimento da população idosa e à preferência cada vez mais acentuada pela manutenção dos idosos em seus domicílios em detrimento de estabelecimentos especializados"[28] (Trabut; Weber, 2012, p. 139). Com a expansão do investimento por parte do poder público, ocorreu o aumento de um nicho de emprego voltado para o cuidado aos idosos.

> O alto nível de desemprego na França desde os anos 1980 representa igualmente um elemento importante do contexto institucional que permite compreender a profissionalização do atendimento a domicílio de

---

28. "A onda de calor de 2003 foi responsável pela morte de quase 20.000 pessoas causando grande comoção entre a população. Os comentadores de direita atribuíram o fato à falta de solidariedade familiar e social, enquanto seus colegas de esquerda questionaram a ação do governo e apontaram as falhas da organização do sistema de saúde. Aquele fato também aumentou a ansiedade das famílias e acarretou a implementação de políticas locais de auxílio a domicílio para pessoas idosas, especialmente no verão." (Trabut; Weber, 2012, p. 139)

pessoas idosas. A luta contra o desemprego tornava-se uma necessidade, enquanto, simultaneamente, aumentavam as necessidades de cuidado aos idosos. A alavanca da criação de empregos em escala local parecia então encarnar a medida ideal para reduzir o desemprego. A partir dos anos 1980, o Estado desenvolveu, então, múltiplas novas formas de empregos no setor de cuidados, dando desse trabalho uma imagem de atividade temporária ou de meio turno, enquanto os trabalhadores aguardavam um verdadeiro emprego em tempo integral (Trabut; Weber, 2012, p. 139).

Com a política de criação de empregos em tempo parcial em escala local, no final dos anos 1980, o governo francês voltou-se para ações que beneficiassem os idosos de mais de 70 anos e pessoas com deficiência, além de pais de crianças com menos de três anos. Os pais caso necessitassem de um cuidador seriam dispensados do pagamento da contribuição previdenciária dos contratados.

Entretanto, ocorreu a introdução de uma organização mercantil direcionada ao setor de cuidados, que anteriormente era dominado pela caridade, passando, posteriormente, à responsabilidade pública. Portanto, surge uma determinada "vontade de transformar os empregos de cuidadores numa 'oferta industrial' apta a implementar suas próprias inovações: segurança, reprodutibilidade e homogeneidade" (Trabut; Weber, 2012, p. 140)

Essa lógica instaurou-se a partir de 1996 e, sobretudo após 2005, com as estruturas empresariais do setor.[29] Contudo, "essa mistura de serviços que associava o trabalho do cuidador ao trabalho de limpeza contribuiu para a associação entre cuidado a pessoas idosas e trabalho doméstico nas representações coletivas" (Trabut; Weber, 2012, p. 140).

---

29. Na França, existe três modalidades de empregos voltados para as trabalhadoras do *care* e domésticas: "emprego direto, que estabelece um vínculo empregatício imediato entre um particular e um empregado; *mandataire*, em que ocorre a intermediação de um organismo (...), e *prestataire*, quando o organismo é o patrão das trabalhadoras do *care* e domésticas" (Guimarães; Hirata; Sugita, 2011, p. 160, grifo do autor).

Duas mudanças essenciais ocorreram durante a última década. Em primeiro lugar, o Estado tentou transformar os cuidados em serviços comerciais, associando-os aos trabalhos domésticos e afastando-os, dessa maneira, dos cuidados médicos. Em segundo lugar, o controle burocrático sobre o trabalho do cuidador subvencionado parcelou os serviços oferecidos a cada pessoa dependente, entravando, assim, a compreensão global das necessidades individuais. Encontramo-nos hoje, pois, face a uma ambivalência entre a vontade de criar "verdadeiros" empregos no setor de cuidados a pessoas idosas e a reticência — ou incapacidade — para remunerar corretamente esses serviços. A complexidade do sistema administrativo de atribuição de benefícios e os discursos recorrentes em torno do cuidado a pessoas idosas dependentes mostram que é ainda difícil pensar o trabalho do cuidador como um emprego como qualquer outro (Trabut; Weber, 2012, p. 141).

Em relação à certificação, o caso francês apresenta desde 2002 o diploma DEAVS, que substituiu o Certificado de Aptidão às Funções de Auxiliar em Domicílio (CAFAD), criado em 1988. "Depois dos anos 1990, a 'família' e a 'casa' aparecem claramente como sendo os lugares de trabalho (Makridou, 2010). Essa mudança é também perceptível na descrição das atividades abarcadas por cada certificado" (Guimarães; Hirata, Sugita, 2011, p. 169).

Makridou observa que as condições de acesso ao diploma de DEAVS são mais fáceis. Enquanto o CAFAD requeria 280 horas de formação teórica e 120 horas de estágio, o DEAVS exige 500 horas de ensino teórico e prático em centro de formação, mais 560 horas de estágio (Moreau, 2003). Ele proporciona um título profissional de nível V, equivalente ao Certificado de Aptidão Profissional (CAP — *Certificat d' Aptitude Professionnelle*) e é reconhecido pelo Ministério do Trabalho. É composto de três certificados, cada um deles reunindo sete ou oito diferentes competências. Acrescente-se a isso a possibilidade de validação da experiência prévia em atividades de *care*, o que elimina a necessidade de realizar essas horas de formação. A possibilidade de recorrer à Validação da Experiência Adquirida (VAE — *Validation des Acquis de l' Expérience*) existe em todos os setores na França e conduz à maior profissionalização e ao desenvolvimento de um mercado de trabalho mais qualificado do *care* (Guimarães; Hirata, Sugita, 2011, p. 169).

Em relação à divisão sexual do trabalho na realidade francesa, as mulheres situam-se no foco da precarização e da flexibilização do trabalho. Particularmente na França, "as migrações internacionais femininas representam um dos fatores que fortalecem esse movimento de precarização do trabalho das mulheres" (Hirata, 2009, p. 30). São essas mulheres que ocupam as funções de babás, faxineiras, domésticas e demais ocupações direcionadas ao *care*. Elas são submetidas a frequentes situações precárias e de vulnerabilidade, já que não possuem qualquer direito social nas relações contratuais. Por isso, nessa realidade, a relação social de sexo articula-se "à relação de classe e à relação de serviço e atualiza a ideia de uma relação de servidão estreitamente integrada à relação de serviço em certas circunstâncias e para certas categorias de mão de obra" (Hirata, 2009, p. 31).

No caso da Espanha, as novas configurações familiares vêm levantando a necessidade de um reequilibrío no que diz respeito às responsabilidades domésticas. Diante da saída das mulheres para ocuparem o mercado de trabalho e das novas formas de cuidado existentes na vida cotidiana, foi que se viabilizou nos últimos anos a contratação de pessoas para cuidarem das crianças nos espaços domésticos. Instituiu-se, portanto, "del mercado de trabajo de los cuidados em España" (Gorfinkiel, 2008, p. 75).

De acordo com Gorfinkiel (2008), esse mercado de trabalho está sendo ocupado por mulheres imigrantes, o que fortalece a divisão sexual e étnica do mercado de trabalho. Além disso, constitui-se uma cadeia global de cuidados no que diz respeito à situação em que algumas dessas mulheres migraram com suas famílias e filhos para a Espanha, enquanto que, em outros casos, os filhos e famílias encontram-se em seus países de origem. É esse fluxo migratório que alimenta o mercado de trabalho de *care* e também a própria população local que não está disposta a realizar esse tipo de trabalho devido às condições desfavoráveis, tanto econômica quanto social, a que ela está submetida.

Além disso, há um número considerável de mulheres espanholas que exercem o trabalho doméstico; entretanto, elas não querem trabalhar com o *care* específico às crianças, deixando-o exclusivamente para as imigrantes. Esse fenômeno está relacionado às condições legais apenas do trabalho doméstico em seu conjunto — nesse caso, o *care* não está incluso, pois existe uma normativa mista para regular esses trabalhos: o Decreto Real n. 1.424, de 1985, para a regulação do trabalho, e o Decreto n. 2.346, de 1969, que institui a proteção social.

Os desfavorecimentos desses trabalhos passam pela inexistência de proteção, a não regulação e a impossibilidade de pagamento em espécie, a impossibilidade da aposentadoria antecipada, os péssimos salários, amplos horários (disponibilidade de horários diversos, sejam eles contínuos em toda a semana ou durante toda a noite) e outras implicações. Apesar da necessidade existente de políticas públicas que sejam direcionadas aos cuidados, não ocorre qualquer investimento atrativo por parte do Estado para isso, ficando esse setor apenas em função das mulheres imigrantes.

Assim, existe um certo "acordo" que favorece a contratação dessa população para cobrir os postos de trabalho existentes no setor de *care*, especificamente, no cuidado para as crianças, que vem sendo estimulado, tanto pelo setor público quanto privado. Isso ocorre através do Catálogo de Ocupações de Difícil Cobertura, que estabelece quais as ocupações que a população imigrante pode ocupar e realizar. Entre essas ocupações está o *care* (Gorfinkiel, 2008).

Portanto, é possível destacar duas características demasiadamente marcantes da realidade espanhola: a primeira diz respeito à internacionalização do *care* e a segunda está vinculada à naturalização de uma dada essência feminina, já que apenas as mulheres imigrantes podem exercer essa função. Ambas se pautam na subalternidade que fortalece a exploração/dominação de gênero, classe e etnia instalada nas configurações internacionais e manifestadas de formas específicas em cada realidade. Além disso, não se exige formação para realizar essa ocupação, mas apenas predisposição e tempo para exercê-la.

Apontamos experiências distintas da construção de políticas do *care* que apresentam expressões de um mesmo fenômeno global que atinge as mulheres e a divisão sociossexual e étnico-racial do trabalho. Assim, "a fragmentação, a especialização e a organização do trabalho que acompanham a 'mercantilização' de *care* acontecem da mesma maneira em diferentes lugares; ao contrário, as condições de execução estão firmemente ancoradas em contextos locais" (Guimarães; Hirata, Sugita, 2011, p. 168).

3

# AS TRABALHADORAS DO *CARE* NA POLÍTICA DE SAÚDE MENTAL BRASILEIRA

Este capítulo destina-se a questionar e apresentar elementos que tratam do trabalho de *care* exercido por mulheres na política de saúde mental brasileira, em especial, nos serviços residenciais terapêuticos. A partir de pesquisa empírica, problematizamos a naturalização da contratação de mulheres para exercerem a ocupação de cuidadoras, fenômeno relacionado ao contexto contemporâneo da mundialização do *care*. Apresentamos, ainda, o perfil das cuidadoras que estavam trabalhando, no ano de 2014, nos serviços residenciais terapêuticos do município do Rio de Janeiro. Além disso, trazemos à tona argumentos teóricos e práticos que justificam a não qualificação dessas profissionais e reforçam a invisibilidade, a subalternidade, a precarização e as desigualdades em relação às mulheres, em especial, as mulheres negras, uma vez que se baseiam no dito "saber leigo" para viabilizar um novo modo de cuidar da pessoa em sofrimento psíquico.

## 3.1 Panorama da Constituição da Reforma Psiquiátrica Brasileira e dos Serviços Substitutivos

O modelo de tratamento de pessoas em sofrimento psíquico foi constituído, no Brasil, a partir da referência francesa, ou seja, pela perspectiva pineliana[1], denominada de "psiquiatria tradicional". Philippe Pinel foi quem fundou "os primeiros hospitais psiquiátricos, determinou o princípio do isolamento para os alienados e instaurou o primeiro modelo de terapêutica nesta área ao introduzir o tratamento moral" (Amarante, 2007, p. 30). Essa proposta de tratamento acreditava na internação do indivíduo como estratégia central para que fosse restituída a sanidade ao homem adoecido. A alienação, para Pinel, era causada pelo meio social, provocando a necessidade do afastamento. Apesar do modelo alienista[2] ter sido criado pelos franceses, somente em 1838 surgiu a primeira lei no mundo que criou as instituições de saúde especializadas para tratar alienados mentais e também para regulamentar a entrada e saída do hospital.

A loucura passou a ser vista e julgada como uma desordem no comportamento, no querer, no agir, na tomada de decisões, na liberdade, nas escolhas. A institucionalização da loucura era entendida como a linha de separação entre aqueles que detêm o domínio da

---

1. Sobre o assunto, ver Amarante (2007, p. 28). Philippe Pinel participou dos acontecimentos da Revolução Francesa; compondo o grupo de ideólogos que buscava "a base verdadeiramente científica para o conhecimento dos fenômenos da realidade, tomando como referência principal o modelo de História Natural". Esse grupo foi importante para o pensamento filosófico francês do final do século XVIII, já que propunha "substituir as teorias especulativas dos sistemas filosóficos anteriores pelo naturalismo das ciências e pela importância da experiência e da observação sistemática dos fenômenos observáveis, ou seja, dos processos orgânicos, do comportamento e dos fenômenos patológicos, para o conhecimento da ciência mental". (Vasconcelos, 2008b, p. 1)

2. "Alienação mental era conceituada como distúrbio no âmbito das paixões, capaz de produzir desarmonia na mente e na possibilidade objetiva do indivíduo perceber a realidade. Para Hegel, que analisou o livro de Pinel, a alienação não seria a perda absoluta da Razão, mas simples desordem de seu âmago. (...) O conceito de alienação mental nasce associado à ideia de 'periculosidade'. (...) Alienação, perda da razão, irracionalidade, animalidade." (Amarante, 2007, p. 30-31)

realidade e aqueles que não o possuem. O médico psiquiatra tornou-se o especialista que determina quem é ou não normal.

A existência dos asilos era justificada pela necessidade de se manter a ordem social. Buscava-se proteger a sociedade da desordem da "loucura" através do isolamento. A relação de poder era necessária, sendo preciso pôr fim a qualquer poder externo que pudesse sobrevir a esse indivíduo considerado desviante, a fim de exercer sobre ele uma autoridade de adestramento, manipulação, repressão. Por estar internada, a pessoa em sofrimento psíquico era descaracterizada de si, privada da sua cidadania, escolhas, de sua expressão social. Encontrava-se, então, abandonada ao poder dos médicos e de profissionais que atuavam nessas instituições, os quais detinham a autoridade de exercer sobre eles quaisquer ordens, sem possibilidade de apelo ou intervenção.

Os hospícios apareceram como uma ação específica da medicina com relação à loucura. Abrigavam as pessoas que possuíam "doenças mentais", sendo locais capazes de recuperá-las pela força terapêutica de sua organização. Essa perspectiva, criada para o sujeito desviante, ultrapassou o século XIX e adentrou o XX. A criação de hospícios se deu em todo o mundo industrial moderno.

No Brasil, o primeiro hospício foi inaugurado em 1852, na cidade do Rio de Janeiro, denominado de Hospício Pedro II. A loucura só chegou a ser objeto de intervenção específica por parte do Estado a partir da chegada da Família Real. "Desde a inauguração do Hospício Pedro II (...) até a década de 1960, a assistência psiquiátrica brasileira se constituiu por sua oferta exclusiva e compulsória de internação em hospitais psiquiátricos públicos" (Yasui, 2010, p. 33). O modelo manicomial foi implantado, de forma maciça, em todo o país durante toda a primeira metade do século XX.

> A história das políticas de saúde no Brasil se entrelaça com a própria história como Estado-Nação. As primeiras ações de saúde implementadas pelo governo surgiram com a vinda da família real e o interesse de uma mão de obra saudável para a manutenção dos negócios da realeza.

Os habitantes do Brasil eram constituídos de portugueses, imigrantes europeus e, principalmente, índios e negros escravos. Cada um desses grupos era detentor de uma cultura própria, costumes e tradições e um conhecimento também próprio acerca das doenças e das formas de cura e tratamento. Até a chegada da família real no Brasil, as ações de saúde constituíam-se de prática sem qualquer regulamentação e realizadas de acordo com os costumes da época (Baptista, 2007) (Cotta *et al.*, 2013, p. 88).

Com a proclamação da República, a psiquiatria buscou sua modernização: o Hospício Pedro II passou a se denominar Hospital Nacional dos Alienados, ficando sob a tutela do Estado. Além disso, a psiquiatria teria seus princípios direcionados, naquele momento, para uma nova ordem social, partindo para "atuar no espaço social, no espaço onde vivem as pessoas, onde se estruturam as doenças mentais, e não se limitar apenas ao espaço cercado pelos muros do asilo" (Amarante, 1994, p. 76). Assim, não ocorreu apenas a expansão dos hospitais psiquiátricos e das colônias agrícolas[3], mas a intervenção psiquiátrica se daria também sobre as relações sociais.

Com Rodrigues Alves na Presidência da República, em 1902, iniciou-se um conjunto de transformações na condução das políticas públicas de saúde, ocorrendo uma série de reformas urbanas e de saneamento, que findaram com o ciclo de epidemias que ocorriam anualmente. Oswaldo Cruz, na coordenação da diretoria de saúde pública, implementou a reforma na saúde em 1903 (Cotta, 2013). Paralelamente, no campo da psiquiatria, estabelecia-se a legitimação

---

3. "As primeiras colônias brasileiras foram criadas logo após a Proclamação da República e chamavam-se Colônia de São Bento e Colônia Conde de Mesquita, ambas na Ilha do Galeão, atual Ilha do Governador, no Rio de Janeiro" (Amarante, 2007, p. 39-40). "Este conjunto de medidas caracteriza a primeira reforma psiquiátrica no Brasil, que tem como escopo a implantação do modelo de colônias na assistência aos doentes mentais. Esse modelo asilar de colônias inspira-se em experiências europeias que, por sua vez, são baseadas numa prática natural de uma pequena aldeia belga, Geel, para onde os doentes eram levados para receber uma cura milagrosa, patrocinada pela Santa Dymfna, a Padroeira dos Insanos. A ideia fundamental desse modelo de colônias é a de fazer a comunidade e os loucos conviverem fraternalmente, em casa ou no trabalho. O trabalho é, pois, um valor decisivo na formação social burguesa e, como consequência, passa a merecer uma função nuclear na terapêutica asilar." (Amarante, 1995, p. 76)

jurídica dos asilos, com Juliano Moreira assumindo a direção da Assistência Médico-Legal aos Alienados e promulgando a primeira Lei Federal de Assistência aos Alienados, a Lei n. 1.132/1903, que reorganizava a assistência aos alienados.

É importante assinalar que, desde o início do século XX, a medicina institucional assume duas formas de organização social: as ações de saúde pública voltadas para toda a população, tendo ênfase nas campanhas sanitárias; e a assistência médica individualizada, "adotada tanto por empresas, em seus serviços médicos, como pelas instituições previdenciárias voltadas para trabalhadores urbanos" (Cotta, 2013, p. 93). Portanto, na realidade brasileira, desde o surgimento da medicina institucional, encontram-se três subsistemas de saúde que não interagem e nem se comunicam: a saúde do trabalho, a saúde pública e a medicina previdenciária.

No Rio de Janeiro, em 1923, foi fundado, pelo psiquiatra Gustavo Riedel, a Liga Brasileira de Higiene Mental (LBHM). "O objetivo inicial da instituição era o de melhorar a assistência aos doentes mentais através da renovação dos quadros profissionais e dos estabelecimentos psiquiátricos" (Costa, 2007, p. 45). Sendo que, a partir de 1926, os psiquiatras da LBHM iniciaram suas propostas de intervenção junto aos indivíduos "normais", visando a prevenção, a eugenia[4] e a educação, fugindo dos objetivos iniciais, que pretendiam simplesmente atender aos "doentes mentais". Nesse sentido, o saber psiquiátrico pretendia buscar, na defesa da família e com o apoio do Estado, a construção de estratégias e das instituições disciplinares. "Para a garantia do bom funcionamento da nação, era necessário preservar e defender a família — base de todo o edifício de 'ordem e progresso' a ser construído pela nova ordem política" (Cunha, 1989, p. 135).

Nos anos que se seguiram, ocorreu a expansão das colônias em todo o país, com a gestão de Juliano Moreira, que dirigiu a Assistência

---

4. "Eugenia é um termo inventado pelo fisiologista inglês Galton para designar o estudo dos fatores socialmente controláveis, que podem elevar ou rebaixar as qualidades raciais das gerações futuras, tanto física quanto mentalmente." (Costa, 2007, p. 49)

Médico-Legal de Alienados por quase trinta anos, sendo destituído do cargo pelo governo provisório de Getúlio Vargas. "Com ele, tem continuidade a criação de novos asilos, a reorganização dos já existentes e a busca de legitimação jurídico-política da psiquiatria nacional" (Amarante, 1994, p. 77). Devido ao seu percurso profissional, Juliano Moreira ficou conhecido como Mestre da Psiquiatria Brasileira, trazendo para o país a escola psiquiátrica alemã, que toma o lugar de influência da escola francesa.

Em 1927, foi criado o Serviço de Assistência aos Doentes Mentais do Distrito Federal, sendo que, em 1930, essa instituição é incorporada ao Ministério da Educação e Saúde. Já em 1934, foi promulgado o Decreto n. 24.559 que respalda a segunda Lei Federal de Assistência aos Doentes Mentais. Durante esse período, foi descoberta a possível cura da "doença mental": introduziram o choque insulínico, o choque cardiazólico, a eletroconvulsoterapia e as lobotomias (Costa, 2007). Essas técnicas substituíram a malarioterapia e o descabido empirismo.

Com a gestão de Adauto Botelho, houve uma tendência radical à proliferação das colônias, nas décadas de 1940 e 1950. Amarante (2007) destaca que a Colônia de Juquery, em São Paulo, chegou a ter 16 mil internos. Entretanto, com o cenário das duas Grandes Guerras, a sociedade passou a refletir sobre as condições humanas, o que possibilitou mudanças para outro período de transformações psiquiátricas[5].

Ao longo dos anos 1950, ocorreu o início da criação de estabelecimentos psiquiátricos privados e filantrópicos no Brasil[6]. Teve início

---

5. Segundo Amarante (1995, p. 79), "Surgem [as mais] variadas experiências de reforma psiquiátrica, dentre as quais destacam-se as de comunidades terapêuticas, de psicoterapia institucional, de psiquiatria de setor, de psiquiatria preventiva e comunitária, de antipsiquiatria, de psiquiatria democrática, para ficar apenas nas mais importantes". Para maior aprofundamento sobre as experiências de reformas psiquiátricas no mundo, ver Desviat (1994); Amarante (2007); Vasconcelos (2008).

6. Isso fica claro quando verificamos os dados que demonstram o crescimento acelerado dos hospitais psiquiátricos durante esse período. Segundo Sampaio (1988), esse crescimento absurdo dos serviços psiquiátricos privados deu-se a partir de 1941, quando o Brasil possuía 62 hospitais psiquiátricos, sendo 23 públicos (37,1%) e 39 privados (62,9%). Logo, em 1961 havia

a "transformação da saúde em produto de consumo, em mercadoria, não [sendo] exclusivamente da psiquiatria, mas parte de um projeto mais amplo de implantação de um modelo médico-previdenciário" (Yasui, 2010, p. 33).

> A partir da década de 1950, inúmeras foram as mudanças ocorridas no sistema de proteção à saúde. A aceleração do crescimento das indústrias do Brasil culminou em uma migração do polo dinâmico da economia. Até então, a economia do Brasil era voltada para agricultura, porém, a partir dessa década, com o crescimento da industrialização, o polo da economia passou a ser os grandes centros urbanos, resultando, dessa forma, em aumento da massa operária que deveria ser atendida pelo sistema de saúde (Mendes, 1993). Esse episódio levou a uma expansão progressiva e acelerada dos serviços de saúde, instaurando a prática de convênios-empresa para suprir demandas cada vez mais crescentes. Surgem, portanto, os grandes hospitais, com tecnologias de última geração (da época) e com a inclusão da lógica de especialização dos recursos humanos. A assistência torna-se mais cara, e o hospital, o principal ponto de referência para a busca de um atendimento em saúde. (Cotta, 2013, p. 102-103).

Naquele momento, o sanitarismo desenvolvimentista ganhava espaço e propagava sua concepção das relações entre pobreza e doença e a necessidade da transformação política e social do país. Eles acreditavam que a doença era um obstáculo para o desenvolvimento, enquanto a saúde era colocada como quesito para os avanços econômicos e sociais. Apesar da sua heterogeneidade interna, "esse novo sanitarismo integrava a corrente nacional-desenvolvimentista e se expressaria com mais rigor no processo de radicalização política

---

135 hospitais psiquiátricos, sendo 54 públicos (40%) e 81 privados (60%). Houve um crescimento significativo em relação aos leitos privados, de 24,9% e a diminuição de 75,1% de leitos públicos. Entretanto, a pesquisa apresentada destacou que ao longo dos 20 anos seguintes (1961-1981) os hospitais psiquiátricos privados eram responsáveis por 70,6% dos leitos e os hospitais públicos possuíam 29,4% (Sampaio, 1988 *apud* Paulin; Turato, 2004, p. 245).

que marcou o início da década de 1960" (Lima, Fonseca, Hochman, 2005, p. 49).

Ao longo do período de 1945 a 1964, todos os pronunciamentos oficiais e as posições políticas no campo da saúde pública associavam saúde e doença aos problemas do desenvolvimento e da pobreza. Não havia retórica contrária a essa constatação, repetida inúmeras nezes por presidentes e ministros. As divergências e os conflitos ocorriam em torno do entendimento sobre as relações causais e sobre as estratégias políticas e institucionais de superação da doença e do desenvolvimento (Lima, Fonseca, Hochman, 2005, p. 49).

A partir do golpe de 1964 instituiu-se um novo modelo econômico, caracterizado por uma crescente intervenção do Estado para regular e executar os mecanismos de acumulação capitalista. Foram firmadas alianças com setores dominantes da cena política nacional e internacional. Enquanto isso, a classe trabalhadora sofria com sua exclusão, ocorrendo, nesse momento, o grande marco divisório entre a assistência prestada à população sem vínculo e à assalariada. Os hospitais públicos estavam em péssimas condições e reservados às pessoas que não tinham vínculos com a previdência, alegando que por "razões de ordem econômica, optou-se pela contratação de leitos em hospitais psiquiátricos privados, que floresceram rapidamente para atender à demanda" dos assalariados (Resende, 2001, p. 60-61).

Entre 1965/1970, houve um enorme fluxo de internações nos hospitais psiquiátricos privados vindas da rede ambulatorial, incipiente na época. As internações ocorriam sem controle, tendo o tempo médio de permanência de mais de três meses. Naquele momento, era alarmante a situação do atendimento psiquiátrico no país: "mais de sete mil doentes internados sem cama (leito-chão) e hospitais psiquiátricos sem especialistas. (...) O índice de mortalidade nas colônias de doentes crônicos era seis vezes e meia maior que nos hospitais para doenças crônicas em outras especialidades" (Paulin, Turato, 2004, p. 250).

Em 1968 foi criado, no então Estado da Guanabara, a Comissão Permanente para Assuntos Psiquiátricos — CPAP-GBM —, cujo objetivo maior era estudar as dificuldades da assistência psiquiátrica no Estado. A comissão formada por profissionais, entre eles Luiz Cerqueira, fez uma minuciosa análise sobre as condições da assistência psiquiátrica, visando a racionalização e a melhoria da qualidade de serviços. O relatório do grupo de trabalho, aprovado em 1970 e publicado no ano seguinte, apresentou um retrato fiel da situação em que se encontrava a assistência psiquiátrica local, com o setor ambulatorial totalmente deturpado, funcionando principalmente como encaminhador de laudos para internação, e o hospital se consagrando como o grande e único agente terapêutico eficaz. Além do levantamento, a comissão indicou propostas de melhoria da assistência, lançando mão de pressupostos básicos da psiquiatria comunitária norte-americana. O trabalho desenvolvido pela CPAP-GB repercutiu intensamente, de tal forma, que em 1971, praticamente a mesma comissão foi convidada pela Secretaria de Assistência Médica do INPS para estudar, em âmbito nacional, as bases de uma reformulação da assistência psiquiátrica. Estavam lançadas as raízes do que viria, dois anos depois, consagrar os princípios da psiquiatria comunitária no Brasil: o *Manual de serviço para a assistência psiquiátrica*[7]. (Paulin, Turato, 2004, p. 250).

Outros documentos também apresentavam propostas de mudanças para assistência psiquiátrica e tinham semelhanças com a reforma psiquiátrica que se estabeleceria posteriormente. Entretanto, uma grande diferença se destacava: eles "integravam um esforço institucional de implantar uma medicina de caráter preventivo, que, na psiquiatria,

---

7. "Aprovado em 19 de julho de 1973 pela Secretaria de Assistência Médica do INPS, o manual privilegiava a assistência psiquiátrica oferecida sempre que possível na comunidade, com uso de recursos extra-hospitalares. Seu intuito era recuperar rapidamente o paciente para que ele voltasse às suas atividades normais. Nos casos que fosse necessária a internação, esta deveria ser feita próxima à residência do indivíduo, com uma ampla e diversificada rede de serviços, evitando-se a internação em hospitais com mais de 500 leitos. Na alta, o paciente seria imediatamente encaminhado para atendimento ambulatorial. Os princípios técnico-administrativos baseavam-se nos conceitos de integração, regionalização, coordenação, descentralização e aperfeiçoamento pessoal" (Paulin, Turato, 2004, p. 250-251).

irá se concretizar mais claramente com o projeto norte-americano da psiquiatria da medicina preventiva" (Yasui, 2010, p. 35).

Cabe destacar que no Brasil estava ocorrendo, nos anos 1970, uma série de movimentos e estudos sobre a intervenção das práticas em saúde, articulados entre a teoria, a realidade social e a política. O Movimento de Trabalhadores de Saúde Mental (MTSM) configurava-se em um contexto singular, "quando diversos movimentos, rompendo o silêncio, se espalharam no cenário nacional compondo o processo de luta pela redemocratização" (Nicácio, Amarante, Barros, 2005, p. 196).

Nesse período, vivenciava-se a Ditadura Militar e um contexto de grande repressão. Tinha-se o objetivo de restaurar a ordem social, política e econômica, sob o pretexto de que havia uma ameaça instaurada pelos comunistas, sindicalistas e trabalhadores. "A restauração da ordem deu-se pela repressão e supressão dos canais de comunicação entre o Estado e a sociedade" (Escorel, Nascimento, Edler, 2005, p. 60). Já a tentativa de reorganizar a economia "significou a progressiva exclusão econômica de grandes parcelas da população, bem como da despolitização de temas que passaram a ser tratados sob a ótica tecnicista" (p. 60). Esse período durou 21 anos (1964-1985).

O Sistema Nacional de Saúde, implantado naquele contexto, tinha como característica principal o predomínio financeiro das instituições previdenciárias e a busca incessante pela tecnificação da burocracia, na tentativa de desenvolver e estimular a mercantilização da saúde. A lógica centralista dominante fez com que "o governo militar implantasse reformas institucionais que afetaram profundamente a saúde pública e a medicina previdenciária" (Escorel; Nascimento; Edler; 2005, p. 60). Logo, a saúde pública, que estava em segundo plano para essa gestão, tornou-se ineficiente e conservadora, não atendendo as necessidades reais da população.

Foi ao longo desse período que ocorreu a organização do Movimento de Trabalhadores de Saúde Mental. Mas antes dele eclodir, ocorreu uma série de fatos que possibilitaram a articulação dos movimentos sociais. O principal episódio deu-se pela insatisfação — explícita e maciça por parte da classe média e de setores empobrecidos — com o governo militar nas eleições de novembro de 1974.

Com a rearticulação paulatina dos movimentos sociais, tornaram-se mais frequentes as denúncias sobre a situação caótica da saúde pública e dos serviços previdenciários de atenção médica, amplificaram-se as reivindicações de solução imediata para os problemas criados pelo modelo de saúde existente. Nesse contexto, sindicatos das diversas categorias profissionais da saúde — principalmente médicos, acadêmicos e cientistas — debatiam em seminários e congressos as epidemias, as endemias e a degradação da qualidade de vida do povo. Um movimento pela transformação do setor saúde, (...), fundiu-se com outros movimentos sociais, mais ou menos vigorosos, que tinham em comum a luta pelos direitos civis e sociais percebidos como dimensões imanentes à democracia (Escorel; Nascimento, Edler, 2005, p. 60).

Logo, estava sendo formado um movimento que questionava não só a prática médica, mas também apresentava novas concepções do processo saúde-doença: o movimento sanitarista. A teoria estava sendo colocada como um instrumento de luta política e deixava de ser neutra para defender a realidade sanitária como objeto de estudo e intervenção. O pensamento reformista da saúde propunha uma nova agenda e também desenvolvia sua base conceitual, a partir de influências das perspectivas teóricas marxistas e estruturalistas. No caso da saúde mental, apesar das agendas de lutas serem comuns à do movimento sanitarista, surgiram particularidades em relação à constituição da Reforma Psiquiátrica Brasileira (RPB) e seus atores devido à influência ídeo-política da Reforma Psiquiátrica Italiana.

Em 1978, ocorreu o episódio conhecido como "Crise da DINSAM". A Divisão Nacional de Saúde Mental (DINSAM) era o órgão do Ministério da Saúde responsável pela formulação das políticas de saúde, do subsetor saúde mental. Profissionais vinculados às quatro instituições da DINSAM no Rio de Janeiro deflagram greve (Centro Psiquiátrico Pedro II; Hospital Philippe Pinel; Colônia Juliano

Moreira; Manicômio Judiciário Heitor Carrilho). A crise da DINSAM teve início, especificamente, a partir da denúncia de três médicos, residentes do antigo Centro Psiquiátrico Pedro II (CPPII), localizado no Rio de Janeiro. Nesse período, foram demitidos 260 profissionais e estagiários (Amarante, 1995).

> A DINSAM, que desde 1956/1957 não realizava concurso público, a partir de 1974, com um quadro antigo e defasado, passa a contratar "bolsistas" com recursos da Campanha Nacional de Saúde Mental. Os "bolsistas" são profissionais graduados ou estudantes universitários que trabalham como médicos, psicólogos, enfermeiros e assistentes sociais, muitos dos quais com cargo de chefia e direção. Trabalham em condições precárias, em clima de ameaças e violências a eles próprios e aos pacientes destas instituições. São frequentes as denúncias de agressão, estupro, trabalho escravo e mortes não esclarecidas (Amarante, 1995, p. 52).

A partir desse movimento, organizaram-se reuniões de diversos grupos interessados em transformar a saúde mental, integrando sindicatos e outras organizações da sociedade civil, dando origem ao Movimento de Trabalhadores de Saúde Mental (MTSM), cujo objetivo era fomentar um debate que pudesse proporcionar a transformação da assistência psiquiátrica vigente.

No final da década de 1980 e começo dos anos 1990, iniciou-se um processo de mudanças legislativas, no qual circularam inúmeros projetos de lei estaduais e municipais sobre a questão dos direitos dos usuários da saúde mental. Ainda em 1980, o Ministério da Saúde redigiu o documento *Diretrizes para a área de Saúde Mental* (DINSAM/MS, 1980), tendo como diretriz a substituição do modelo assistencial por um mais abrangente. Além disso, já incluía o debate sobre a integração das ações de saúde mental desenvolvidas na rede de serviços de saúde.

O auge do contexto reformista sanitário e psiquiátrico ocorreu em 1986, em Brasília, com a 8ª Conferência Nacional de Saúde, que inaugurou uma nova contextualização do processo de participação social, sendo aberta e consultiva, estimulando a inserção da sociedade civil. Reuniram-se em torno de quatro mil pessoas. A intenção era promover a saúde "tomando por base a melhoria da qualidade de vida através de vários fatores como educação, moradia, alimentação, bem como direito à liberdade e cabendo ao Estado o papel de facilitador dessas condições, reivindicando-se a criação do SUS" (Ferreira, 2006, p. 134-135).

> Foi na 8ª Conferência Nacional de Saúde, entre 17 e 21 de março de 1986, em Brasília, que se lançaram os princípios da Reforma Sanitária. Nessa conferência, que contou com a presença de mais de quatro mil pessoas, evidenciou-se que as modificações do setor da saúde transcendiam os marcos de uma simples reforma administrativa e financeira. Havia necessidade de uma reformulação mais profunda, com a ampliação do conceito de saúde e correspondente ação institucional. Questão fundamental para os participantes da conferência foi a natureza do novo sistema de saúde: se estatal ou não, de implantação imediata ou progressiva. Recusada a ideia da estatização, manteve-se a proposta do fortalecimento e a da expansão do setor público (Escorel; Nascimento, Edler, 2005, p. 78).

Ao longo do evento, foi proposta a realização de conferências temáticas, ocorrendo, já em 1987, a I Conferência Nacional de Saúde Mental (CNSM). As denúncias sobre violências ocorridas contra os usuários internados nos hospitais psiquiátricos foram apresentadas naquele momento. O relatório da I CNSM foi o primeiro documento oficial a retratar a questão da saúde mental em uma perspectiva de luta de interesses de classes: "mantendo as críticas ao asilo e à violência institucional, no ambiente da contestação ao regime militar, e fortalecendo o processo de redemocratização" (Yasui, 2010, p. 44).

Após a I CNSM, novos atores ganharam maior visibilidade no cenário de luta por políticas em saúde mental: os usuários da saúde mental e seus familiares. Por muito tempo ficaram esquecidos e invisibilizados. Tal fato possibilitou a organização de entidades que os representassem, como, por exemplo: a Sociedade de Serviços Gerais para a Integração Social pelo Trabalho (SOSINTRA), Associação Franco Basaglia, a Associação de Parentes e Amigos do Complexo Juliano Moreira (APACOJUM), entre outras. A loucura deixa de ser uma questão específica para os profissionais e alcança o território, os sujeitos e as instituições.

Nesse mesmo ano, 1987, ocorreu o II Congresso Nacional do MTSM, na cidade de Bauru, que contou com 350 participantes. Foi nesse evento que se instituiu o lema do Movimento da Luta Antimanicomial: "Por uma sociedade sem manicômios". O lema "apesar de seu apelo negativo (no sentido de uma sociedade sem e não com alguma coisa nova), retoma a questão da violência da instituição psiquiátrica e ganha as ruas, a imprensa, a opinião pública" (Amarante, 1995, p. 95). Surge, ainda, a ideia de instituir o dia da Luta Antimanicomial, no intuito de envolver a todos que compreendessem a essência e a proposta do movimento.

Enfim, em 1989, foi submetido ao Congresso Nacional o Projeto de lei do deputado Paulo Delgado (PT-MG), propondo que fossem regulamentados os direitos das pessoas em sofrimento psíquico e a extinção progressiva dos manicômios no país. Era o início do Movimento da Reforma Psiquiátrica nos campos legislativo e normativo. Todavia, sua regulamentação só ocorreu depois de tramitar 12 anos, ocorrendo apenas em 16 de abril de 2001 a promulgação da Lei n. 10.216, que dispõe acerca dos direitos das pessoas portadoras de transtorno mental, sendo que, mesmo assim, ainda não tenha sido publicada a proposta original por completo.

Nesse sentido, a RPB tem seguido a via da superação do hospital psiquiátrico, por meio de serviços substitutivos que dialogam com a comunidade e a família, a fim de proporcionar uma outra forma de lidar com a experiência da "loucura", e, assim, viabilizar a cidadania. Adotou-se como estratégia o processo de desinstitucionalização[8] dos usuários da saúde mental, baseado na Reforma Democrática Italiana.

---

8. É um processo contínuo de invenção de novas formas sociais de lidar com a loucura, a diferença e o sofrimento humano, de forma positiva e concreta, ou seja, com a criação de

Cabe destacar que a experiência italiana de desinstitucionalização foi a única que aboliu a internação no hospital psiquiátrico do conjunto de prestações de serviços da saúde mental.

Em relação à transformação do objeto de intervenção, no processo de desinstitucionalização ocorre a redefinição das referências de abordagem e vê-se diante de uma imensa complexidade que envolve o sujeito, não mais se limitando à produção de "cura", mas, constituindo-se como "invenção de saúde" e "reprodução social do paciente". Ou seja, é preciso enxergar a pessoa e suas experiências de sofrimento na existência (Rotelli; Leonardis; Mauri, 2001).

De acordo com Amarante (2007), existem quatro dimensões fundamentais que compõem o campo da saúde mental e da atenção psicossocial[9] e classificam as mudanças almejadas pela RPB: teórico-conceitual, técnico-assistencial, jurídico-político e sociocultural. Cabe destacar que as dimensões retratadas pelo autor estão inseridas em um complexo movimento social, que permite a inserção de novas ideologias, visão de mundo, concepções, valores, ética etc., possibilitando o rompimento com o que aprisiona e conserva.

A princípio, destacamos a dimensão teórico-conceitual, sendo a que traz reflexões direcionadas aos conceitos fundamentais do saber psiquiátrico. A psiquiatria foi fundada em um contexto epistemológico em que a sociedade era considerada algo natural, capaz de ser revelada em sua plenitude. Por isso, o saber psiquiátrico deve ser localizado em um dado modelo de ciência que vem sofrendo transformações. No caso brasileiro, o questionamento da centralidade do manicômio como modelo de tratamento e da psiquiatria como saber e poder teve forte influência teórica e prática do psiquiatra italiano Franco Basaglia.

Uma das grandes influências de Basaglia, inspirada na filosofia fenomenológica de Husserl, foi a de colocar a "doença entre parênteses".

---

serviços responsáveis pelo cuidado no território de moradia, sem gerar negligência social. Para maior aprofundamento sobre o assunto: Basaglia (2005); Rotelli, Leonardis e Mauri (2001).

9. A Atenção Psicossocial é o novo modo de operacionalizar o cuidado em saúde mental, tendo como fundamento as dimensões assinaladas por Amarante (2007).

Trata-se de uma inversão da "operação produzida pela racionalidade positivista da psiquiatria, que colocou o sujeito entre parênteses e se limitou à definição das síndromes" (Yasui, 2010, p. 107).

Ao colocar a "doença entre parênteses", denuncia-se uma demarcação do que não é próprio de estar doente e do que estava envolvido em torno da patologização da vida, possibilitando uma nova produção de conhecimento. Não se trata de "negar, romper, mas também de produzir novas concepções e conceitos, tecendo linhas que dialogam e articulam, diferentes disciplinas, num esforço de construir um novo paradigma no campo da saúde mental" (Yasui, 2010, p. 106).

A dimensão técnico-assistencial, por sua vez, consiste em uma nova organização da rede de serviços assistenciais, ou seja, é um constante movimento entre a teoria e a prática, buscando outra prática e ética. São produzidos diferentes espaços de sociabilidade, de produção de subjetividades, de moradia, enfim, de vida. Essa dimensão trata de três aspectos fundamentais: o planejamento de novas estruturas assistenciais, o tipo de atendimento às diferentes demandas de tratamento e finalmente ao modelo de atendimento. Em resumo, esta dimensão implica a substituição do modelo hospitalocêntrico por novas modalidades de atendimento, na quais se utilizam mais recursos do território onde vivem os usuários.

A dimensão jurídico-política tem seu pontapé inicial em 1989, com o projeto de Lei n. 3.657, do deputado Federal Paulo Delgado (PT-MG), que propôs a extinção gradativa dos manicômios e sua substituição por serviços territoriais. Essa proposta deu origem à Lei n. 10.216/2001, conhecida como a "Lei Nacional da Reforma Psiquiátrica", que substituiu a legislação protetiva de 1934. Além dela, inúmeras portarias de cunho federal, estadual e municipal foram promulgadas no Brasil desde 1992, redirecionando o modelo assistencial em saúde mental.

Portanto, tem sido através da execução de políticas públicas estatais que os direitos protetivos das pessoas em sofrimento psíquico estão sendo garantidos, na busca de promover a cidadania e a liberdade. Para Amarante (2009, p. 2), "a dimensão jurídico-política rediscute e redefine as relações civis em torno da cidadania, de direitos humanos e sociais". Logo, um dos objetivos dessa dimensão é construir um novo imaginário social, por meio da efetivação de legislações que promovam os direitos das pessoas em sofrimento psíquico.

Ademais, um dos princípios da Reforma Psiquiátrica é a viabilização da cidadania, "desloucando" a identidade social imposta às pessoas em sofrimento psíquico. Para que isso ocorra, adota-se a dimensão sociocultural, na qual ocorre "a transformação do *lugar social* da loucura, da diferença e da divergência" (Amarante, 2007, p. 73). Não cabendo apenas promover a cidadania como processo burocrático legislativo, mas a busca pela transformação do lugar social ao qual esse sujeito esteve vinculado ao longo da história.

Para que essa dimensão seja concretizada, foram adotadas inúmeras estratégias para provocar a reflexão e a desconstrução do imaginário social acerca da loucura: a instituição do Dia Nacional da Luta Antimanicomial (18 de maio); atividades artísticas e culturais (como os blocos carnavalescos); ações intersetoriais (Parceira entre a FIOCRUZ e o Ministério da Cultura, através do Projeto Loucos Pela Diversidade); projetos esportivos e de economia solidária etc. Enfim, os atores antimanicomiais, ao longo desses últimos 30 anos, têm buscado consolidar os princípios que possibilitem a efetivação de uma sociedade sem manicômios.

Como resultado, foram instituídos os novos serviços de atendimento à pessoa em sofrimento psíquico, que se distinguem radicalmente do tratamento prestado pelo manicômio, sendo regulamentados pela Lei n. 10.216/2001. Os serviços substitutivos são múltiplos e compõem a Rede de Atenção Psicossocial (RAPS)[10]: Centros de

---

10. De acordo com a Portaria n. 3.088/2011, do Ministério da Saúde, "fica instituída a Rede de Atenção Psicossocial, cuja finalidade é a criação, ampliação e articulação de pontos de atenção à saúde para pessoas com sofrimento ou transtorno mental e com necessidades decorrentes do uso de crack, álcool e outras drogas, no âmbito do Sistema Único de Saúde (SUS)".

Atenção Psicossocial, residências terapêuticas, centros de convivência, ambulatórios, hospitais-gerais, cooperativas etc.

Em relação às mudanças assistenciais, o dispositivo selecionado pelo Ministério da Saúde para a substituição gradativa dos hospitais psiquiátricos foram os CAPS[11] (Centro de Atenção Psicossocial), que se tornaram o modelo central na experiência brasileira. Tais serviços possuem pressupostos distintos do modelo anterior, estando situados na comunidade e com as portas abertas. É ele o dispositivo organizador de um modelo de cuidado no território que, ao mesmo tempo, tornou-se um "instrumento político de difusão de determinada forma de cuidar e um serviço potente em si" (Alves; Guljor, 2004, p. 230).

O primeiro dispositivo inaugurado no Brasil foi o CAPS Luiz Cerqueira, localizado na cidade de São Paulo, no ano de 1987 e gerido pela Secretaria Estadual de Saúde. Funcionava em regime de atenção diária, de segunda a sexta, oito horas por dia. Em relação aos equipamentos municipais, os primeiros surgiram na cidade de Santos (SP), em 1989, e eram "voltados para a organização de uma rede de suporte em saúde mental [denominados de] NAPS (Núcleos

---

11. *Portaria n. 336/GM, de 19 de fevereiro de 2002, que regulamenta os CAPS. Os CAPS I* são de menor porte, capazes de oferecer uma resposta efetiva às demandas de saúde mental em municípios com população entre 20.000 e 50.000 habitantes. Estes serviços têm uma equipe mínima de nove profissionais, com nível médio e superior, e uma clientela de adultos com transtornos mentais. Funcionam 5 dias na semana. *Os CAPS II* são serviços de médio porte e dão cobertura a municípios com mais de 50.000 habitantes. A clientela típica destes serviços é de adultos, com transtornos mentais severos e persistentes. A equipe mínima é formada por 12 profissionais, com ensino médio e superior, funcionando cinco dias na semana. *Os CAPS III* são serviços de maior porte da rede CAPS, que dão cobertura aos municípios com mais de 200.000 habitantes. Esta modalidade se faz presente hoje na maioria nas grandes metrópoles. Os *CAPS III* são de alta complexidade, uma vez que funcionam 24 horas, todos dias da semana; têm, no máximo, cinco leitos para internações de curta duração e fazem acolhimento noturno. A equipe mínima é de 16 profissionais (com ensino médio e superior). Os *CAPSi* são serviços especializados no atendimento a crianças e adolescentes com transtornos mentais. A equipe mínima é de 11 profissionais, com nível médio e superior. Os *CAPSad* são serviços especializados no atendimento a pessoas que fazem o uso prejudicial de álcool e outras drogas, equipamentos previstos para cidades com mais de 200.000 habitantes ou por localização geográfica (municípios de fronteira, ou parte da rota do tráfico de drogas). A equipe mínima é de 13 profissionais, com nível médio e superior.

de Atenção Psicossocial), (...), cujo funcionamento era de 24 horas/dia, com leitos de acolhimento noturno" (Alves; Guljor, 2004, p. 230).

Com a implantação progressiva desses serviços como estratégias centrais no desmonte da lógica manicomial, o fechamento dos hospitais veio ocorrendo ao longo dos anos; entretanto, outro grande desafio estava posto: a desinstitucionalização. Esse desafio permanente é destacado por Guljor e Pinheiro (2007) como uma necessidade de apontar uma intervenção que direcione para a construção de um novo valor social. Ou seja, "para a busca de uma transformação ética da sociedade que subsidie práticas solidárias voltadas para a inclusão social" (Guljor; Pinheiro, 2007, p. 66). É preciso dialogar com a sociedade acerca desse novo modo de "operar o cuidado" em saúde mental, já que os dispositivos de atenção psicossocial encontram-se na comunidade, e os sujeitos, outrora internados, passam a conviver com os desafios no cotidiano da cidade e das relações sociais.

É importante destacar que os projetos e programas desenvolvidos nos municípios e posteriormente regulamentados pelas portarias do Ministério da Saúde não se efetivaram sem represálias ou enfrentamentos. Apesar de militantes da RPB assumirem a direção da gestão da política de saúde mental brasileira em âmbito nacional, estadual e em alguns municípios, essa proposta sempre foi questionada, principalmente pela Associação Brasileira de Psiquiatria (ABP) e pela Associação dos Amigos e Familiares dos Doentes Mentais (AFMD).

Para esses grupos, a reforma psiquiátrica nunca foi viável, pois, para eles, ocorre uma desresponsabilização em relação ao "tratamento psiquiátrico" das pessoas em sofrimento psíquico, consideradas por eles sujeitos incapazes. Além disso, esse discurso centra-se no poder médico, tendo a psiquiatria o único saber/poder que pode proporcionar o "tratamento" e a internação é a estratégia central e de melhor qualidade. Tais argumentos aproximam-se dos interesses dos donos de clínicas psiquiátricas de caráter privado, posto que, essa lógica, baseada na internação, proporciona maior lucratividade para os empresários da saúde e da indústria farmacêutica.

A saúde mental sempre ficou no seio de uma série de disputas. A internação psiquiátrica esteve no rol daquelas mais lucrativas para as clínicas privadas: uma vez que o sujeito fosse diagnosticado com alguma patologia psiquiátrica, não sairia do manicômio por estar, de certa forma, condenado pela loucura. Como a RPB questionou a soberania do poder médico e das internações prolongadas, isso provocou diversas inquietações e enfrentamentos.

Ademais, essas novas formas de conviver e de se relacionar com a sociedade apresentam tensões que perpassam as relações desiguais instituídas em uma sociedade de classes. Com uma proposta que visa buscar a transformação dos valores que instituem e destinam um determinado lugar social à pessoa em sofrimento psíquico, torna-se imprescindível pensar nas múltiplas necessidades sociais que perpassam a sobrevivência desse sujeito. Para isso, os serviços substitutivos incorporam ações que atendam às demandas sociais dos usuários, o que significa estratégias de intervenção diante de uma realidade diversa e adversa.

## 3.2 Serviços Residenciais Terapêuticos: as trabalhadoras do *care* em cena

Para as pessoas em sofrimento psíquico grave, que por tantas vezes sofrem com o processo de isolamento causado pelo abandono familiar, pela cultura excludente e pela indiferença da sociedade, foi necessário que, no novo modelo de cuidado em saúde mental, fossem atribuídas três instâncias: moradia, trabalho e lazer. Essas instâncias, no caso daqueles usuários que se encontram há longo tempo internados, foram-lhes totalmente retiradas, já que o hospital psiquiátrico virou sua moradia; o ócio, o seu trabalho e o abandono, o seu lazer.

Ao longo dos anos 1990, no processo de implantação da RPB, diversas experiências voltadas à desinstitucionalização foram experimentadas.

Uma delas ocorreu na cidade de Campinas, através do desmonte do Hospital Psiquiátrico Dr. Cândido Ferreira, efetuado através do convênio com a Secretaria Municipal de Saúde. Teve início um novo modelo voltado à desospitalização e "ressocialização" dos usuários internados, a fim de ofertar a "internação de curta permanência em crises agudas, para o acompanhamento através do Hospital-Dia e da reinserção no mercado de trabalho através de oficinas de trabalho" (Furtado; Pacheco, 1997, p. 85). Naquele momento, a Unidade de Moradores do Cândido possuía 140 internos que estavam "divididos, segundo o grau de autonomia, em quatro alas e duas moradias extra-hospitalares, intercambiáveis entre si, com indivíduos de ambos os sexos" (Furtado; Pacheco, 1997, p. 85).

> É na década de 1990 que podemos identificar experiências pioneiras que influenciaram diretamente e ajudaram a conformar uma alternativa concreta de saída para os pacientes internados por longos períodos em hospitais psiquiátricos. Tais iniciativas surgiram não mais para o aperfeiçoamento do modelo centrado nos hospitais psiquiátricos. Pelo contrário, surgiram no contexto de radical mudança da assistência em saúde mental proposta pela reforma psiquiátrica — caracterizada por um novo paradigma voltado ao estabelecimento de nova relação da sociedade com os chamados loucos, à superação do modelo hospitalar, à oferta de serviços na comunidade e à reinserção social de portadores de transtorno mental grave (Furtado, 2014, p. 49).

O projeto idealizado para as moradias extra-hospitalares foi destinado a uma "fração desta população moradora que possuía condições mínimas suficientes para viver fora da instituição, constituindo a única alternativa viável para sua desospitalização" (Furtado; Pacheco, 1997, p. 95). Foram instituídas duas casas, em bairros distintos e organizadas com cuidados diferenciados de acordo com o diagnóstico dos moradores. A sua manutenção fora custeada pelos recursos que eram destinados à internação dos usuários, já que naquele momento ainda estavam vinculados, de forma burocrática, ao hospital.

A primeira residência denominou-se de "Lar Abrigado" e foi inaugurada em dezembro de 1991. No princípio, seu objetivo foi receber "seis moradores com autonomia suficiente para dispensar a monitorização constante por parte da equipe do Hospital que [limitava] seu aporte a uma visita semanal" (Furtado; Pacheco, 1997, p. 86).

A segunda residência foi denominada "Pensão Protegida" e inaugurada em janeiro de 1995, ambas na cidade de Campinas. A segunda casa tinha um grupo de "sete moradores com um menor grau de autonomia e que contavam com o aporte de um grupo operativo semanal de monitorização (8 horas-dia) exercida por uma assim chamada 'governanta'" (Furtado; Pacheco, 1997, p. 89). Nesse momento, as moradias se mostraram eficazes em "propiciar a seus usuários condições dignas de alojamento e subsistência, aproximando-se, nestes aspectos, dos objetivos gerais preconizados para estas, de oferecer ao paciente psiquiátrico espaço e suporte particularizados e não manicomiais" (Furtado; Pacheco, 1997, p. 89).

A experiência de Campinas e tantas outras espalhadas pelo Brasil possibilitaram o avanço da RPB[12], não restringindo suas estratégias apenas ao espaço de tratamento, mas elaboraram ações voltadas a outras necessidades desses sujeitos. Todavia, essas residências só se tornaram um dispositivo formal, componente da rede pública de saúde mental, nos anos 2000, quando foram regulamentadas pelo Ministério da Saúde.

Até sua regulamentação, com o nome de Serviços Residenciais Terapêuticos (SRT), em 2000, os dados sobre as residências não são muito precisos. Alguns hospitais públicos (por exemplo, em Casa Branca e Santa Rita do Passa Quatro, São Paulo, e Barbacena, Minas Gerais) criaram

---

12. De acordo com Furtado (2006, p. 40), "Os municípios de Porto Alegre (RS), Campinas (SP), Santos (SP), Ribeirão Preto (SP) e Rio de Janeiro (RJ) foram precursores na implantação de residências, por meio da criação de 'lares abrigados', 'pensões protegidas' e 'moradias extra-hospitalares' — como eram nomeadas na década de 1990 —, e geraram subsídios importantes para que a iniciativa fosse incorporada como política do SUS, a partir da publicação da Portaria n. 106/2000". (Brasil, 2004)

espaços habitacionais semiautônomos para seus pacientes-moradores a partir dos anos 1980, utilizando o nome moradias ou lares abrigados para designá-los. Até hoje, existe uma precária concordância quanto à precisão dos termos "lares abrigados" ou "protegidos" (que seriam projetos de moradia ainda no interior de antigos asilos), "pensões protegidas" (um antecedente, em geral da iniciativa privada) e residências terapêuticas (Delgado, 2006, p. 20).

A regulamentação dos Serviços Residenciais Terapêuticos (SRT) ou Lares Abrigados ocorreu em 11 de fevereiro de 2000, através da Portaria n. 106, sendo estas "casas assistidas para que as pessoas (comprometidas psiquicamente) com grave precariedade da rede social possam sair do hospital psiquiátrico" (Alves; Guljor, 2004, p. 233). Essas residências devem estar localizadas nas cidades, fora do espaço asilar, destinadas prioritariamente àquelas pessoas que estão internadas há muito tempo e/ou perderam o vínculo familiar. Portanto, esse dispositivo produz novas "modalidades de cuidado e acolhimento a ex-moradores de hospitais, além de proporcionar um espaço de reintegração psicossocial do paciente na sociedade, tendo como eixo o domicílio — Residência Terapêutica" (Freire, 2008, p. 3).

O advento da Portaria n. 106/2000 do Ministério da Saúde oficializou os SRTs no SUS, estabelecendo sua estrutura básica, em termos do modo de operar e do financiamento. A partir daí, as pensões protegidas, lares abrigados, vilas terapêuticas, moradias extra-hospitalares e núcleos de convívio — como até então eram chamadas as diversas experiências pioneiras já citadas, destinadas aos egressos de longa duração — passam a ser chamados de Serviços Residenciais Terapêuticos. Tal nomenclatura foi questionada à época, sobretudo no que concerne aos termos "serviços" e "terapêuticos", adotados precisamente para justificar e viabilizar sua inserção no SUS. Notemos aí que, ao menos em tese, considerou-se a possibilidade de que tais moradias pudessem ser abrigadas em outros setores, como o de promoção e assistência social. Contudo, a assistência social no Brasil nos anos 1990 deparava-se com a grande tarefa de superar o clientelismo, o paternalismo e a filantropia que lhes eram quase inerentes. A impossibilidade do setor de assistência social de abrigar a iniciativa dos SRTs foi propulsora, no interior da reforma psiquiátrica, da ampliação do campo dessa última. Assumindo aspectos relativos à moradia dos egressos, em seus mais diversos componentes, a área da saúde mental ampliou seus aspectos interdisciplinar e intersetorial (Furtado, 2014, p. 50).

Para Ferreira (2006), um dos grandes motivos para a ocupação dos manicômios, ainda hoje, é ausência de moradias. De acordo com o Informativo de Saúde Mental n. 10[13], no Brasil percebe-se um avanço no número de residências terapêuticas, durante os anos de 2002-2010, tendo sido implantados 625 SRT. Segundo o Relatório de Gestão da Coordenação Nacional de Saúde Mental do Ministério da Saúde (2007-2010), foram fechados por ano 1.700 leitos psiquiátricos. Todavia, existia no ano de 2002, 51.393 leitos psiquiátricos, sendo que, em 2011, já se contabilizava 32.284 leitos, e, em 2014, identifica-se ainda 25.998[14] leitos. Já no Informativo da Saúde Mental n. 12[15], a coordenação apresentou os últimos dados sobre as internações em nível nacional, onde ainda temos no país 167 hospitais psiquiátricos e 25.988 pessoas internadas. Tudo isso demonstrando que muitos usuários ainda se encontram internados e o quanto ainda é necessário investir na Rede de Atenção Psicossocial.

À atual paralisação no processo de expansão de unidades destinadas a retirar internos de longa data de leitos psiquiátricos vem somar-se a inexistência de programas e iniciativas estatais sistemáticas voltadas para pessoas com TMG[16] sem histórico de longas internações psiquiátricas, estabelecendo um gargalo no acesso e na garantia de moradia para essa clientela. Ambos os problemas evidenciam dificuldades de nossa

---

13. Ano VII, n. 10, março de 2012.
14. Fontes: CNES, PNASH, Relatório: DENASUS.
15. Ano 10, n. 12, setembro de 2015.
16. TMG — Transtorno Mental Grave.

sociedade no enfrentamento da questão, com garantia de um direito humano fundamental — o de moradia — e o estabelecimento a contento de alternativas a uma das funções latentes dos hospitais psiquiátricos: a de prover abrigo (Furtado, 2014, p. 53).

Em 2011, foi acrescida a Portaria n. 3.090, para as SRT, a qual estabelece diretrizes de funcionamento e define o incentivo financeiro para a implantação das SRT nos municípios. As diretrizes de funcionamento e organização definem dois modelos: a SRT de tipo 1, que são moradias para pessoas com transtorno mental que estão sendo desinstitucionalizadas, devendo acolher até oito moradores; já as de tipo 2, são moradias destinadas às pessoas com transtorno mental e um nível de dependência especial, em função de comprometimentos físicos e necessidade de cuidados permanentes, podendo acolher até 10 moradores.

Nessa legislação, chama a atenção o modelo de SRT tipo 2 e a participação de um corpo de cuidadores, sendo que a equipe mínima deve ser composta de cuidadores de referência e profissional técnico de enfermagem. Além disso, orienta que, para cada 10 moradores, a equipe do SRT seja composta por, pelo menos, 5 cuidadores em escala e 1 profissional técnico de enfermagem diário.

Com relação ao valor do financiamento, o Ministério da Saúde repassa diretamente para o fundo municipal de saúde: R$20.000,00 (vinte mil reais) para implantação e/ou implementação das SRT; R$10.000,00 (dez mil reais) para custeio mensal de cada grupo de 8 moradores de tipo I e R$20.000,00 (vinte mil) para cada grupo de 10 moradores de tipo II.

É importante frisar que, na publicação n. 12 do Informativo de Saúde Mental[17], a Coordenação de Saúde Mental, Álcool e Outras Drogas apresenta dados distintos das publicações anteriores em relação aos SRT. Nessa publicação, a Coordenação de Saúde Mental justifica

---

17. Ano X, n. 12, setembro de 2015.

que as alterações dos dados estão vinculados às novas propostas de financiamento dos SRT estabelecidos pela Portaria n. 3.090/2011 e que antes eram recursos provenientes das Autorizações de Internação Hospitalar (AIHs). Com o processo de habilitação dos SRT, esses repasses ocorrem a partir de recursos federais de custeio mensal. Portanto, nos dados dessa publicação de 2015, foram identificados apenas 610 SRT em funcionamento, até dezembro de 2014, sendo apenas 289 habilitados. A habilitação dos SRT deve ser realizada pelos gestores municipais.

Atualmente, o número de SRT em funcionamento diz respeito aos serviços cadastrados no Cadastro Nacional de Estabelecimentos de Saúde (CNES) e/ou que recebem incentivo de custeio mensal, de acordo com a Portaria n. 3.090/2011. Até agora, 289 se habilitaram, de acordo com a nova tipologia estabelecida, sendo que 166 do tipo I e 123 do tipo II.

Além da redução de leitos e da implantação das residências terapêuticas, foi possível a implementação de um benefício para pessoas em sofrimento psíquico, egressas de hospitais psiquiátricos por, no mínimo, dois anos. Em 1994, foi criado pelo Programa de Saúde Mental de Angra dos Reis o projeto "De Volta para Casa", que tinha como objetivo o retorno das pessoas acometidas de transtornos mentais para as suas residências de origem, além do atendimento a uma ampla rede de recursos assistenciais e de cuidados. A prefeitura de Angra dos Reis criou políticas que pudessem viabilizar a alimentação, a reconstrução das moradias e prestar assistência social e de saúde a essas pessoas. Dessa forma, "houve o retorno para o núcleo familiar dos pacientes que estavam fora do município. Em decorrência deste trabalho pioneiro em Angra dos Reis, o Governo Federal criou, em 2003, a Lei n. 10.708[18], intitulada 'De Volta para Casa'"[19] (Ferreira, 2006, p. 140).

---

18. No artigo 1° dessa Lei, "fica instituído o auxílio-reabilitação psicossocial para assistência, acompanhamento e integração social, fora da unidade hospitalar, de pacientes acometidos de transtornos mentais, internados em hospitais ou unidades psiquiátricas, nos termos desta Lei."

19. De acordo com o artigo 5° da Lei n. 10.216/2001, "o paciente há longo tempo hospitalizado ou para o qual se caracterize situação de grave dependência institucional, decorrente

Com o Programa "De Volta para Casa" instituído nacionalmente através de sua regulamentação, foi garantido o benefício de R$240,00[20]. No período de 2004 a 2007, "o governo previa a inclusão de cerca de três mil beneficiários por ano no programa (...), com meta total de 14 mil usuários ao final do período. Entretanto, a partir de sua criação, em 2003, o projeto enfrentou muitas dificuldades e obstáculos" (Vasconcelos, 2006, p. 56).

Até fevereiro de 2012 havia mais de 4.000 beneficiários do programa, aumento ocorrido graças ao fechamento de hospitais psiquiátricos, em destaque nos Estados de Pernambuco, Rio de Janeiro e São Paulo. Isso demonstra que o processo de desinstitucionalização possui três estratégias principais: a redução de leitos, os serviços residenciais terapêuticos e o programa "De Volta para Casa". Atualmente, o número de beneficiários do programa é de 4.349, conforme publicado no Informativo de Saúde Mental n. 12 de 2015.

O cuidado[21] prestado no campo da saúde mental e da atenção psicossocial, e que rege os novos dispositivos, tem sido elaborado e executado de forma diferenciada ao do hospital psiquiátrico. Tal mudança implica outra compreensão do processo saúde-doença e da relação com o sujeito como objeto de intervenção. O modelo biomédico e suas relações centradas na medicalização, na hierarquia e na padronização dos corpos foi substituído por valores pautados no acolhimento, na responsabilização e no vínculo.

---

de seu quadro clínico ou de ausência de suporte social, será objeto de política específica de alta planejada e reabilitação psicossocial assistida, sob responsabilidade da autoridade sanitária competente e supervisão de instância a ser definida pelo Poder Executivo, assegurada a continuidade do tratamento, quando necessário."

20. Atualmente, o valor do benefício é de R$412,00.

21. É preciso relembrar que o cuidado na saúde mental e atenção psicossocial diz respeito a um novo modelo de "tratamento". Não adotamos a terminologia "tratamento" porque não reconhecemos o sofrimento psíquico como doença mental e sim, como experiência-sofrimento (Basaglia, 2005). Ao reconhecer que o indivíduo tem um sofrimento psíquico grave identifica-se a demanda pelo cuidado como necessidade ontológica, uma vez que ele não consegue estar em sociedade sem esse suporte.

A execução do cuidado no campo da saúde mental apresenta certa heterogeneidade no caso dos agentes institucionais, dos intrumentos e no próprio processo de trabalho. A produção do cuidado é executada por uma equipe multiprofissional e interdisciplinar. Assim, o cuidar não se constituiria em "uma dimensão reduzida e fixa das linhas sedentárias dos aparatos tecnológicos duros, presentes no cotidiano do ato do cuidado da corporação médica em geral, centrado nos procedimentos terapêuticos em si" (Duarte, 2009, p. 152). Logo, o reordenamento do cuidado terapêutico estaria voltado para o usuário, afirmando a perspectiva da desinstitucionalização.

Para executar as novas práticas, partindo dos princípios de uma nova ética, a Reforma Psiquiátrica adotou a noção de clínica ampliada[22]. Essa noção não se confunde com os princípios da clínica médica, pois não está direcionada para um tratamento medicamentoso, ao contrário, incorpora outros saberes, disciplinas e práticas socioculturais. É na clínica ampliada que os diversos trabalhadores que compõem as equipes dos serviços de saúde mental tornam-se referências para os múltiplos conteúdos de intervenção, no que se refere à objetivação do trabalho.

> O que se leva em conta nesse modelo é o compartilhamento de competências, de responsabilidades e de atividades com os demais profissionais, sem privilégios corporativos, mas considerando as diversidades das formas de cuidar no campo psicossocial. Pois o que está colocado para o trabalho em saúde não é necessariamente a finalidade da cura, fechado no tratamento, mas *certo modo de cuidar* e, para tanto, um conjunto de tecnologias devem ser acionadas em rede (Duarte, 2011, p. 6).

---

22. "(...) o significante cuidado, que engloba as novas práticas, utilizado de forma generalizada na legislação em saúde mental, na literatura sobre o assunto e na prática dos serviços. Este surge como substituto da noção de clínica — esta referida à psiquiatria tradicional, para além dos tradicionais cuidados médicos — centrado nos procedimentos. Desta forma, há que salientar uma ressignificação do conceito de clínica através de uma adjetivação de clínica ampliada, que não se confunde com a clínica médica" (Duarte, 2011, p. 4).

Para que esse cuidado possa se efetivar, a noção de acolhimento como prática na clínica ampliada é colocada em pauta. "A noção de acolhimento pode ser compreendida como um processo 'intercessor' (...) e atributo das práticas clínicas em saúde mental, realizadas por qualquer membro da equipe" (Silveira; Vieira, 2005, p. 94). Portanto, o acolhimento como forma de agir pode "atravessar os processos relacionais em saúde rompendo com os atendimentos tecnocráticos e criando atendimentos mais humanizados. Este é o deslocamento fundamental operado pela noção de acolhimento".

Ao pensar a delimitação e o delineamento do conceito de acolhimento como prática, Silveira e Vieira (2005) apresentam duas concepções inerentes a esse campo: a responsabilização e o vínculo. Ou seja, compreendem que apenas pelo acolhimento e pela vinculação da pessoa em sofrimento psíquico ao dispositivo de atenção psicossocial é possível promover a responsabilização e a oferta do cuidado. Cabe assinalar que o princípio da responsabilização foi pautado e teorizado pelo Movimento da Reforma Psiquiátrica Italiana, concebendo a experiência brasileira essa noção de tomada de responsabilidade por parte do serviço de saúde mental a toda a área territorial que está vinculada e também aos indivíduos os quais ali se encontram.

> Nesse sentido, permite-se pensar que os serviços comunitários de atenção psicossocial integram as redes sociais de apoio ao sujeito. E trazem consigo a noção de mobilidade no território; não aguardam apenas a demanda espontânea, mas participam e intervêm politicamente no universo simbólico da comunidade, engendrando um aumento do "poder contratual" do sujeito, em decorrência de seus efeitos amplificadores e permeabilizadores das relações do sujeito com o corpo social (Silveira; Vieira, 2005, p. 95).

O conceito de vínculo abordado pelas autoras diz respeito a um "processo de vinculação, ou seja, [é um] movimento constante em direção ao estabelecimento ou estreitamento de uma relação imbuída por sentimentos de mútua confiança" (Silveira; Vieira, 2005, p. 95). No processo de cuidado em saúde, esse conceito está ligado ao acolhimento, pois busca uma forma efetiva de comprometimento e responsabilização por parte de toda a equipe em relação ao sofrimento dos usuários dos dispositivos, tanto de forma individual quanto coletiva.

O acolhimento viabiliza e proporciona os critérios de acessibilidade aos quais os usuários encontram-se submetidos para sua inserção no dispositivo de saúde mental. É no momento do acolhimento que se estabelece uma escuta qualificada, uma assistência centrada no usuário e a "humanização" das relações, no sentido de acolher o sofrimento do outro. Tal atitude é vista como uma forma de responsabilização do cuidado, ainda que o sujeito não permaneça naquele dispositivo de saúde mental, o atendimento teve um comprometimento com a existência-sofrimento do outro.

Esses novos valores de intervenção pautam o trabalho profissional em saúde mental nos dispositivos de atenção psicossocial, demarcando outros enfoques e conteúdos éticos, políticos e teóricos. Para Duarte (2011), as atividades profissionais foram repensadas, apresentando outra concepção, um novo "significado social à intervenção outrora, articulado com os princípios do SUS, com os princípios e deliberações das Conferências Nacionais de Saúde Mental, bem como com os princípios que orientam uma nova ética do cuidado em saúde mental" (Duarte, 2011, p. 8). Assim, o campo da Atenção Psicossocial qualifica, em uma perspectiva interdisciplinar e multidisciplinar, as práticas de execução cuidado, não apenas no processo de desinstitucionalização, mas também nos novos serviços, pautados em um novo *ethos* do cuidado.

Diante dessa proposta de promover o cuidado às pessoas em sofrimento psíquico, é imprescindível apontar que há novas demandas de ocupações e atribuições para o campo da saúde mental, possibilitando a inserção de trabalhadores que não precisam de uma formação específica para operacionalizar o cuidado em saúde mental. Compreende-se que, no modo de atenção psicossocial, "todos os trabalhadores são considerados agentes de cuidado — técnicos de nível superior, técnicos administrativos e auxiliares —, afinal, todos fazem parte do cotidiano dos usuários e contribuem para a mediação do cuidar" (Silva *et al.*, 2014, p. 240).

No caso das residências terapêuticas, que são consideradas dispositivos de atenção psicossocial híbridos, pois se constituem como moradias e ao mesmo tempo representam uma tecnologia em saúde[23], é possível localizarmos o *care*, de forma mais clara. No cotidiano dessas casas, deve ser levada em consideração a complexidade apresentada por cada morador, a fim de que haja uma compreensão das questões que envolvem, não só o coletivo, mas também o sujeito e sua singularidade. Para que ocorra esse acompanhamento, as equipes dos SRT são compostas de profissionais de nível superior e de cuidadores[24].

No cuidado em Saúde Mental, destacamos a participação do profissional que tem sido de fundamental importância nas atividades da vida cotidiana dos moradores das residências terapêuticas: o/a cuidador/cuidadora em saúde. É essa trabalhadora que contribui para a organização e cuidado diário dos SRT, o autocuidado dos moradores e também promove o diálogo e o viver em comunidade.

> O cuidador é um profissional importante no projeto. Ele passa a operar em uma residência e isso causa impactos importantes. Os profissionais que cuidam de moradores do SRT deverão saber dosar sempre o quanto de cuidado deverá ser oferecido para auxiliar na aquisição de autonomia pelo usuário, numa negociação constante. Este novo lugar de trabalho também vai requerer dos profissionais a realização de atividades que vão muito além de sua formação inicial, tais como: *auxiliar em tarefas*

---

23. De acordo com Amorim e Dimenstein (2008, p. 197), os serviços residenciais terapêuticos "caracterizam-se como serviços que devem ser 'prioritariamente' locais de moradia e não de tratamento, ficando este sob a responsabilidade dos outros serviços substitutivos da rede, os SRT produzem questionamentos ao modo de funcionamento da mesma, assim como apontam desafios nos processos de produção de saúde que se desenvolvem diretamente nele ou a partir dele".

24. Segundo Furtado (2014, p. 51), com as mudanças ocorridas em relação ao financiamento e estruturação física dos SRT, "cada município estabelece características próprias para o serviço de assistência e acompanhamento aos residentes, tipo e quantidade de profissionais envolvidos, realização ou não de convênio com ONGs para responder à flexibilidade requerida na gestão do cotidiano das casas, entre outras".

*domésticas, ajudar no pagamento de contas, na administração do próprio dinheiro etc., requerendo dos trabalhadores o desenvolvimento de novas formas de cuidar* (Ministério da Saúde, 2004, p. 12 grifo nosso).

Quando enxergamos a concepção apresentada pelo Ministério da Saúde sobre a função da cuidadora em saúde, a partir da divisão sociossexual do trabalho, notamos que sua vinculação encontra-se localizada em uma dada "essencialização do feminino". Ao retomarmos Hirata (2010), no que tange à bipolarização, é possível identificar, nessas mulheres, aquelas que se encontram no polo das ocupações predominantemente femininas, mal remuneradas, precarizadas e subalternizadas. Portanto, uma primeira questão encoberta pela Saúde Mental refere-se à "convocação" dessas mulheres para atuarem como pilares desse processo.

Diante disso, podemos assinalar dois pontos: o primeiro diz respeito à conjuntura em que a política de saúde mental veio se consolidando. Foi a partir de 1992 que a RPB se estabeleceu como política, ao mesmo tempo em que tínhamos a chegada do neoliberalismo, das transformações do mundo do trabalho e da reestruturação reprodutiva. Logo depois, com os governos Fernando Henrique Cardoso e Luís Inácio Lula da Silva, ocorreu o estabelecimento dessa nova organização das forças produtivas e suas expressões mais radicais através da contrarreforma do Estado, na desregulamentação dos direitos trabalhistas, no fortalecimento dos princípios do mercado, da precarização, da flexibilização, da terceirização, da privatização dos serviços públicos etc. Mesmo diante desse cenário tão catastrófico para a *classe-que-vive-do-trabalho*, a RPB se consolidou.

Em relação ao segundo ponto, podemos dizer que a RPB é uma política que, apesar dos impasses existentes, nas atuais configurações, tem sido bem-sucedida em sua implantação, se comparada, por exemplo, ao caso de Portugal[25], principalmente devido à participação

---

25. Para maiores informações sobre essa experiência, em nível nacional e internacional, buscar Rachel Gouveia e Sílvia Portugal em: "Breve Balanço da Política de Saúde Mental: uma

expressiva do movimento da luta antimanicomial. Entretanto, ela não está isenta das transformações internacionais e de seus impactos na divisão sociossexual e étnico-racial do trabalho, na internacionalização do trabalho reprodutivo, na mercantilização e profissionalização do *care*, além do fortalecimento da exploração/opressão de classe, gênero, raça/etnia.

Ao problematizarmos o *care*, nessa política específica, localizamos continuidades e descontinuidades relacionadas às particularidades brasileiras. O mercado vem utilizando o trabalho de caráter doméstico em novos postos de "mercados do bem-estar", no caso do cenário internacional, pelas imigrantes, mas no Brasil são as mulheres negras das camadas mais pobres e sem formação que efetivam esse trabalho.

> *Bem, eu não escolhi, eu caí lá de paraquedas, porque estavam precisando de alguém para cuidar da casa, para fazer limpeza, eu entrei como faxineira da casa. E como faxineira eu fui interagindo com eles e eles já não conseguiam mais sair de perto e eu não conseguia ficar longe deles, tanto que às vezes eu saía bem tarde fazendo companhia para eles. Então quando surgiu uma vaga para a noite, eu aceitei na hora, porque aí eu estaria ganhando dinheiro e trabalhando com eles. Aí, no caso, no começo foi difícil, porque meu trabalho era fazer a faxina e cuidar da casa e não tinha obrigação de cuidar deles, só que quando eu comecei a trabalhar para esses, já não foi mais cuidar da casa, era cuidar deles, então era um cuidado diferente, entendeu?! Antes eu tinha que manter a casa limpa para eles, aí depois eu tinha que manter a casa e eles limpos, entendeu? Foi essa a diferença.* (Renata)[26]

Um primeiro ponto que podemos assinalar em relação ao trabalho das cuidadoras na saúde mental, é que vem sendo forjado e constituído, não a partir de uma formação específica, mas sim pela via da construção de uma prática, pautada nas diretrizes políticas, clínicas

---

análise comparativa Brasil e Portugal a partir da experiência das residências terapêuticas", publicado na *Revista de Políticas Públicas* da UFMA, v. 19, n. 1, jan./jun., 2015.

26. Todos os nomes adotados são fictícios para preservarmos o sigilo das entrevistadas.

e assistenciais da Atenção Psicossocial. O não reconhecimento desse trabalho como profissão vincula-se à ideia de que qualquer pessoa pode executar o *care*, não sendo possível elevá-lo a uma ciência ou um saber especializado. Nesse caso, veremos mais adiante, que o *care* na saúde mental está vinculado ao discurso psicanalítico do "saber leigo"[27], a fim de viabilizar um cuidado que não seja tecnicista e manicomial, o que implica diretamente em um saber subalternizado.

Silva (2013, p. 30), em sua pesquisa acerca dos modos de operacionalização do cuidado em saúde mental por parte do cuidador, sinaliza que a especificidade do cuidador da saúde mental "é não ter especificidade, de maneira que as ações dessa categoria escapam a territórios disciplinares, constituindo um território transversal de atuação". Ou seja, a prática desse profissional é atravessada pelos múltiplos saberes instituídos no campo da Atenção Psicossocial, logo, pode estar disponível para qualquer tarefa, não importando quem faça.

> *A minha experiência é que eu nunca trabalhei assim, com esse tratamento, com gente deficiente mental. Eu sempre trabalhei em loja, supervisora de loja, fui gerente de loja, sou decoradora, então, assim, foi um momento da minha vida que eu estava precisando, e que eu mandei um currículo, fui selecionada, e falei assim: Ai, meu Deus! Vou trabalhar com uma coisa totalmente diferente da minha área!* (Alessandra)

> *Quando eu caí de paraquedas a única coisa que eu percebi, que o meu papel ali era oferecer segurança, companhia, trocar informações, porque eles são muito curiosos, eles perguntam tudo sobre tudo!* (Renata)

---

27. "Os leigos adquirem, no estudo, a conotação precisa daqueles que *não pertencem* ao corpo de 'especialistas da saúde', seja do corpo de profissionais da saúde, seja do corpo gerencial/administrativo, seja dos pesquisadores que se ocupam do tema na Academia. O conceito de leigo, portanto, assumidamente construído por *referência* ao saber especializado que tem sido monopólio da medicina institucionalizada, estatal e de mercado e o seu corpo de especialistas" (Cecilio, Carapinheiro, Andreazza, 2014, p. 13. Grifo *do autor*). Apesar do conceito de leigo estar relacionado, segundo os autores, ao questionamento da centralidade do poder médico, o termo "saber leigo", aqui adotado e utilizado, parte da concepção psicanalítica, e será questionado mais adiante quando for utilizado para justificar a contratação precária e subalterna das cuidadoras na saúde mental.

É importante assinalar que essas cuidadoras também são protagonistas da Reforma Psiquiátrica Brasileira, já que atuam, não só nos SRT, mas se inserem em ações estratégicas de cuidado em saúde mental junto à comunidade, tendo como objetivo a construção de facilitadores para a autonomia e diálogos com o território. Entretanto, se não houver uma formação mínima para essas trabalhadoras, elas não conseguem compreender a grandeza do seu trabalho, expressa pela dimensão técnico-assistencial, e nem as dimensões ético-política e sociocultural do campo da Atenção Psicossocial. A superação do pensamento manicomial cultural e ético precisa ser disseminada constantemente, não só para aqueles que manejam o cuidado em saúde mental, mas também para a sociedade.

> *Eu estou estudando à distância, eu não fui fazer uma prova e tenho que ir lá para ver como vai ser. Estou terminando o segundo grau porque na gravidez eu tive câimbra, eu tive bursite e não conseguia pegar em uma caneta. Então, o professor falou que iria ficar difícil ele lançar uma nota, se você não tem condições de escrever. (...).* **Eu pretendo sim, nessa área mesmo, mas eu não queria sair da condição de cuidadora, mas queria aumentar o conhecimento que eu já tenho e adquirir mais.** (Renata)

No caso das cuidadoras, estamos problematizando não só a necessidade de sua formação, mas também do reconhecimento dessa ocupação como trabalho. Devemos sinalizar que essa profissão é determinada histórica e socialmente, não só na realidade brasileira, mas também no cenário internacional. Portanto, é preciso demarcar o processo sócio-histórico de sua formação aqui no Brasil. Por fim, destacamos a inserção desse exercício profissional inscrito em um determinado processo de trabalho, como é o caso dos SRT. Tudo isso deve estar vinculado ao modo como essa ocupação vem se constituindo e se organizando a partir dos sujeitos que a exercem e a constroem em seu cotidiano.

Outra característica desse não reconhecimento está relacionada às práticas de *care* com carácter maternalista, pois, na maioria das vezes, as próprias trabalhadoras desconhecem o propósito e os instrumentos do seu trabalho, recorrendo aos "recursos naturais" do cuidado feminino. Isso não quer dizer que não seja possível reproduzir essas práticas com uma formação, entretanto, o que vem ocorrendo é um fortalecimento do *care* vinculado a uma dada "essência feminina". Para Saffioti (1987), a sociedade investe em uma certa naturalização das posições sociais dos sexos. "Isto é, tenta fazer crer que a atribuição do espaço doméstico à mulher decorre de sua capacidade de ser mãe" (Saffioti, 1987, p. 9). Portanto, é "natural" a dedicação das mulheres ao trabalho doméstico e de cuidado.

> *Eu falo com todos eles igual eu falo com meu filho, poxa tem que tomar banho e escovar os dentes, se ajeitar, tomar café e com isso fico martelando, todos os dias na cabeça deles (...). Eu procuro sair e deixar todos eles tomados banho, tomado café. Entendeu? É esse cuidado que procuro manter para que eles tenham um bom dia.* (Renata)

> *Quantas vezes não tem cuidadora e eu fico lá, eu fico, (...) às vezes eu troco, eu fico lá, eu não ganho nada, não.* (Betania)

Essa essencialização vincula-se ao processo de generificação das pessoas e das coisas, no qual a sociedade produz a separação dos papéis sociais e das atividades vinculadas ao sexo. A identidade humana, que é multidimensional, acaba sendo reduzida a aspectos e características demarcadas pelas forças produtivas hegemônicas expressas pelas classes, pelo sexo, pela sexualidade, pela raça e etnia dominantes e assim sucessivamente. Logo, produzimos idealizações de sujeitos dominantes e de sujeitos subalternos para que possam sustentar essas dominações/opressões existentes nesta sociedade desigual.

Este trabalho não só está vinculado às transformações da divisão sociossexual do trabalho como também está relacionado à constituição dos indivíduos na sociedade. A relação intrínseca entre as esferas produtivas e reprodutivas, pública e doméstica nos possibilita enxergar a natureza do *care* e as necessidades da sua existência para a sustentação da própria ordem societária. Ao mesmo tempo, o trabalho do *care* coloca-se como resposta à necessidade humana, pois possui o intuito de auxiliar na satisfação das necessidades ontológicas primárias dos indivíduos que se encontram incapacitados para realizá-las em determinados períodos e/ou por toda a vida[28].

Em relação ao significado da ocupação de cuidador, de sua atribuição e competência, especificamente no campo da saúde mental, parece não ser uma preocupação relevante, já que as produções acerca dessa temática são escassas. O resultado disso são análises quase que exclusivamente pautadas na psicanálise e centradas em uma perspectiva clínica que analisa apenas as experiências práticas, sem aprofundamento da conjuntura macroestrutural[29] e elementos que o localizam como trabalho.

> Na cartilha *Residências Terapêuticas: o que são, para que servem*, elaborada pelo Ministério da Saúde, os cuidadores são considerados profissionais importantes na construção do projeto dos SRTs, pois são pessoas que devem atuar a fim de motivar mudanças no cotidiano dos moradores. *A despeito dessa importância, é possível notar, nos relatos e publicações de experiências em SRTs, diferenças nas atribuições do trabalho de cuidador e no modo de contratação e capacitação, o que parece ocasionar certo tipo de entrave no cotidiano dos SRTs. Por exemplo, alguns cuidadores são contratados somente como empregados domésticos, com a atribuição de manter a higiene da casa e ser responsáveis pela alimentação; em outros casos o cuidador terá como tarefa mediar a rotina da casa com relação a cumprimento de horários, higiene, administração da medicação etc.* Há cuidadores que são capacitados antes de começarem a atuar nos SRTs e outros que recebem apenas informações sobre como agir nesse cotidiano (Silva et al., 2014, p. 243, grifos nossos).

---

28. Aqui podemos esclarecer que os sujeitos demandam cuidado, não só por um determinado período (em uma fase natural), mas também, em alguns casos, ao longo de toda a vida, são: as pessoas com deficiência, pessoas em sofrimento psíquico grave e institucionalizados a longo período, acamados, doentes crônicos e degenerativos etc.

29. Sobre essas análises, buscar Frare (2012); Figueiredo e Frare (2008), (2010).

É importante assinalar que, mesmo havendo a defesa da desconstrução de um saber hegemônico — como é o caso da psiquiatria —, hoje, é possível dizer que há uma hegemonia da psicologização das práticas em saúde mental. Ao que parece, apesar da luta frente à desconstrução da hierarquização de saberes que direcionam o trabalho na saúde mental, não foi possível escapar das correntes da psicologia.

A influência da psicanálise, da fenomenologia, da terapia cognitiva ou comportamental, entre outras, vem ganhando espaço nas ações antimanicomiais, logo, o viver em uma SRT é caracterizado por ter uma "clínica do morar"[30]. Ou seja, é necessária uma direção clínica para a vida do morador da SRT e, é claro, que o cuidador não apresente qualquer conhecimento dessa clínica, sendo ele, ao mesmo tempo, alguém que tem a função de "criar" novas práticas de cuidado em saúde mental e ser direcionado pelo profissional de ensino superior, que detém o conhecimento acerca dessa clínica. A vida, além de ser medicalizada, também sofre sua hiperpsicologização e, evidentemente, que nessas casas isso tende a se acentuar.

A justificativa para a não especialização dos cuidadores é sustentada na tentativa de garantir a quebra da medicalização, patologização e psicologização dos comportamentos dos usuários do serviço a partir de um olhar "não técnico". Certamente esse pleito, que pressupõe em sua gênese que o "técnico" é aquele que sabe sobre o sujeito, nos vale também em um outro sentido: os cuidadores "sabem que não sabem" e, curiosamente, podem deslizar mais facilmente para um registro de "saber não saber". Assim, são convocados a construir *junto* com o morador uma forma de lidar com a sua particularidade. Nesse percurso, há muitas angústias, dúvidas, incertezas e, logo, tentativas

---

30. "Desta forma, os SRT em curso no país enfrentam o peculiar desafio de pensar se é possível uma 'clínica do morar' que traz em seu lastro questionamentos aos tradicionais equipamentos teóricos psi e aos novos espaços inspirados na desinstitucionalização, que devem partir da desnaturalização do morar e da própria clínica e da abertura às experimentações que estes novos dispositivos da luta antimanicomial exigem e convidam na tarefa de produzir saúde" (Amorim; Dimenstein, 2008, p. 201).

de todas as ordens são empenhadas (Figueiredo; Frare, 2008, p. 91 grifo das autoras).

Essa tensão está posta no processo de trabalho dos serviços residenciais terapêuticos, a partir da supervisão clínico-institucional. A supervisão surgiu na segunda metade dos anos 1990, como exigência da clínica na Atenção Psicossocial, especificamente, para os Centros de Atenção Psicossocial (CAPS) e depois se estendeu aos demais dispositivos. Para Delgado (2013, p. 25), "ao supervisor clínico-institucional cabe construir suas ferramentas de trabalho, na discussão coletiva com a equipe do serviço". Ou seja, é esse profissional que direciona clínica e politicamente a operacionalização do modo de cuidar em saúde mental nos serviços substitutivos, sendo, em sua maioria, profissionais da psicologia que o fazem[31]. Ademais, a supervisão é um espaço de capacitação em serviço e por isso tem a função de contribuir para a "formação" das cuidadoras a partir da realidade vivenciada nos serviços residenciais terapêuticos.

Para Figueiredo e Frare (2008, p. 90), "o trabalho de supervisão junto aos cuidadores é fundamental para autorizar essa clínica *do* e *no* acontecimento, para suportar o 'não saber' e inventar cada vez". Isso demonstra que a não profissionalização do cuidador, em uma perspectiva clínica pautada na psicanálise, favorece o discurso de um saber não especializado, ou seja, um "saber leigo". As autoras partem do princípio de que a nova forma de cuidado em saúde mental deve diferenciar-se daquela que era executada nos hospitais psiquiátricos, nos quais os cuidadores não devem "imprimir no cuidado a marca da enfermagem hospitalar" (Figueiredo; Frare, 2008, p. 90). Todavia, essa justificativa se desfaz quando tratamos das configurações atuais do *care* e do cuidado feminino a partir da divisão sociossexual e racial do trabalho.

---

31. No caso do município do Rio de Janeiro, a supervisão clínico-institucional tem sua hegemonia na perspectiva psicanalítica. Destaca-se que, atualmente, os SRT são supervisionados pelos mesmos profissionais que o fazem nos CAPS.

Essa perspectiva de gerenciamento do cuidado, pautada pela psicanálise, volta-se para dois pontos, apenas: a concepção de sujeito que se espera e a outra no que diz respeito da melhor casa para ele. "Assim, habitar uma RT é um ponto de partida para que cada um encontre um novo arranjo subjetivo" (Frare; Figueiredo; 2010, p. 1). Logo, o funcionamento dessas casas segue a direção desses princípios que são reduzidos aos sujeitos, deixando de compreender e tratar as relações e as tensões mais amplas que envolvem os trabalhadores desses dispositivos da atenção psicossocial. Nessa lógica, "cabe à supervisão recolher junto aos cuidadores os efeitos da convivência, para que todos se disponham a acolher o arranjo de cada um" (Frare; Figueiredo; 2010, p. 1-2).

Ademais, esse olhar "não técnico", a partir da categoria trabalho e da divisão sociossexual nos possibilita afirmar que essa justificativa fortalece e encobre as desigualdades e opressões existentes em relação à classe, gênero, raça/etnia e sexualidade. A luta por uma sociedade sem manicômios deve incluir em seus princípios a desconstrução de todas as desigualdades e estar vinculada a um projeto societário que vise a transformação, não sendo utilizada como instrumento dos interesses capitalistas e burgueses para fortalecer seus princípios e modos de sociabilidade.

Outro tensionamento existente no processo de trabalho diz respeito à hierarquização dos saberes que fica encoberta por essa justificativa do "saber leigo". A cuidadora é posta em um lugar subalterno, no qual não possui elementos teórico-clínicos, e até mesmo políticos, para elaborar argumentos que justifiquem a sua prática. Há um sofrimento por parte dessas trabalhadoras em relação a essa subalternidade de saberes que não é questionada no processo de trabalho e nem percebida, na maioria das vezes, posto que o gerenciamento desses serviços é realizado pelos profissionais de nível superior, ainda que de forma distante. Ressaltamos que a "clínica do morar" possui um sentido político e a política um sentido clínico na saúde mental, logo, é imprescindível desocultar e dar voz a essas trabalhadoras do *care*, possibilitando que seus sofrimentos, aflições, propostas, análises e emoções sejam reconhecidas diante das dificuldades de se promover esse tipo de cuidado.

> *Quem lida mais com eles, somos nós cuidadoras, e nós não temos voz. A gente ouve direto, é essa questão, Rachel, eu quero saber por que a gente numa ponta a gente pode ir, e na outra a gente não pode* (Eliete).

> *Mas é isso Rachel, são esses embates que a gente tem... A equipe não tem a própria voz.* (Eliete)

> *É isso também, eu vou lutar até quando não tiver mais jeito, aí eu caio fora, mas é outra coisa, quem lida mais com eles é a cuidadora, as cuidadoras. Então a cuidadora passa a ter o que, como é o certo para eles fazerem, para eles viverem, aí chega outras pessoas e fala: Não, mas não é isso com fulano, ele pode fazer isso.* (Betania)

> *Aqui oh! Já estou me sentindo um pouco aliviada. Já estou até podendo falar sem chorar. Graças a Deus! Mas deveria ter uma pessoa para nos ouvir, entendeu. Esse papo aqui é muito bom. Eu acho que deveria ter uma terapia para a gente. (...). Eu acho que nós deveríamos ter uma pessoa para nos ouvir, uma vez na semana, que fale com a cuidadora. Para a gente se expor.* (Betania)

Salientamos que, na maioria das vezes, o afeto tem sido a única estratégia frente à tamanha responsabilidade, tornando-se, ao mesmo tempo, uma armadilha (Vidal, 2010). Infelizmente, o afeto nessa realidade acaba sendo um instrumento de trabalho e uma atribuição, uma vez que não há um reconhecimento do cuidado feminino executado na saúde mental como trabalho. Além disso, o *care* permanece subalternizado diante dos saberes legitimados no processo de trabalho.

Todavia, é importante assinalar que o *care* em si traz uma série de tensões, uma vez que a intervenção profissional ocorre sobre o ser humano, seu corpo, seu modo de vida, sua forma de estar no mundo, sua relação com a sociedade, o gerenciamento material da sua sobrevivência e demais necessidades existentes para a vida. Essas são algumas das dimensões que o trabalho de *care* na saúde mental vem construindo nos SRT.

Essas emoções que atravessam o *care* afetam diretamente a forma como essas trabalhadoras pensam, lidam, planejam e executam suas atividades junto a esses moradores. Há implicações afetivas e éticas que perpassam o cotidiano, pois elas mesmas precisam pensar rapidamente em estratégias para a sua "sobrevivência", tendo apenas o espaço de supervisão ou reunião de equipe para compartilhar esses e outros dilemas vivenciados. Com isso, queremos dizer que o cuidado com o outro toca as emoções mais íntimas e profundas dessas trabalhadoras, o que não quer dizer que não impacta da mesma forma esse outro, o morador. Essa ambiguidade subjetiva fica encoberta no processo de trabalho, posto que, no geral, esses sentimentos precisam ser escondidos para que ela suporte essa maternidade escolhida, transferida e determinada.

> *O que que eu não aceito: você pega essas pessoas lá do hospital, eu fiz todo o processo com eles, (...) todo o processo durou quase um ano, eu ia na Gávea. Tive todo esse trabalho com a Rosangela[32], eu fiz todo esse trabalho, nós íamos na praia da Urca, a combe nos levava da Gávea para comprar o enxoval, nós íamos nas lojas com eles, então todo esse processo, aonde quero chegar, então, todo esse processo, **aí vem passa-se os anos, aí aquela cuidadora que está ali, tá, então fica como se fosse a família, você cria um laço** (...). Eu sei de uma coisa Rachel, fui eu, ninguém me pediu ali, na primeira vez que Maria[33] ficou doente, eu passei uma semana direto com ela no hospital (...). **Eu fiquei juntinho para ela não ser internada, não quis que me pagasse, não tive folga.** (Betania)*

> *Mas é o carinho também, a gente se apega, eu já recebi duas propostas para trabalhar, mas eu falei para Janete[34]: ah! Eu não vou não. (Betania)*

É interessante percebermos, através das entrevistas, o significado do cuidado e do *care* prestado por essas trabalhadoras. O *care*

---

32. Nome fictício para que possamos garantir o sigilo das entrevistas.
33. Nome fictício para que possamos garantir o sigilo das entrevistas.
34. Nome fictício para que possamos garantir o sigilo das entrevistas.

vai deixando de ser um mero trabalho (com carga horária, salário, atribuições etc.) e se tornando algo naturalizado como função inerente à mulher — cuidado feminino — caracterizado pela "servidão voluntária" (Hirata, 2004). As "emoções maternais" possibilitam a retomada da generificação dos comportamentos e fortalecem esse não reconhecimento do cuidado feminino como trabalho, impossibilitando a diferenciação da prestação dos mesmos, seja em casa ou no trabalho. O que parece é que há uma extensão do *care* nos espaços de reprodução e produção, confundindo-se constantemente. Podemos dizer que o recurso das "emoções maternais" possibilita saídas de situações e emoções a que as trabalhadoras estão vulneráveis, uma vez que não possuem instrumentais técnicos e éticos para lidarem com algumas circunstâncias.

> *Eu peguei Mariana[35] um dia e levei para minha casa para passear. Foi a primeira vez que alguém tirou ela da residência e levou para algum lugar. Ela quando viu a minha mãe, porque ela tinha perdido há pouco tempo, foi no final do ano passado, não foi? Quando ela viu a minha mãe, ela parou na frente da minha mãe e ficou olhando: "Ela parece com a minha mãezinha". E eu disse: "Se veio para chorar vamos embora agora!". "Não vou chorar, não vou chorar!" Abraçou, beijou a minha mãe, ficou olhando para minha cara e e eu falei: "Abraça! Deixa ela sentir que você está recebendo o carinho dela". Aí minha mãe abraçou, pulava, rodava. Agora vou ter que cuidar de duas crianças. Por fim, minha mãe foi para a cozinha, ela foi pegou a faca e foi descascando os legumes para ajudar, tudo e a gente na cozinha. Eu fui fazer o suco na mesa, com o liquidificador, aí chega minha irmã com as duas meninas e ela ficou louca pelas menininhas, por meu filho. Por fim, depois desses dias que ela foi lá para casa, porque ela já foi duas vezes (...). Olha, aí eu falei: gente, não tem problema nenhum passear com eles. Porque aqueles do hospital se você levar para sua casa, você nunca mais consegue botar ele lá de volta, mas os que estão nas RT, você consegue levar para sua casa e deixar de volta porque eles sabem que lá é a casa deles, que eles têm uma casa para voltar, os do hospital não, os do hospital vão querer ficar lá.* (Renata)

---

35. Nome fictício para que possamos garantir o sigilo das entrevistas.

Ao mesmo tempo em que ocorre essa extensão do cuidado feminino, elas conseguem diferenciar o *care* do trabalho doméstico, uma vez que algumas delas também exercem esse trabalho em outro espaço. Destaca-se que as ocupações continuam vinculadas no mesmo rol de características da "servidão voluntária", da subalternidade feminina e da não exigência de formação. Todavia, salientamos que o trabalho efetuado nas SRT traz também conflitos relacionados à realidade social dessas cuidadoras. Há um sofrimento por parte delas em relação às condições de vida dos moradores, que é diferente daquela que elas possuem: ausência de alimentos supérfluos, condições de vida precária, impossibilidades de atividades culturais e sociais, entre outras.

> *É assim, porque não é muito diferente,* **porque cuidadora é um cuidado com pessoas e doméstica é mais cuidado com a casa de coisas que a patroa não quer fazer, ela se limita né, até, por exemplo, de lavar a louça.** *(...). Na minha casa eu faço a hora que eu quero e depois falo: se sujar vai limpar! Na patroa, não, você limpa sabendo que vai sujar de novo daqui a dois minutos e eu falo assim, já falei mesmo: Agora se sujar não vou mais limpar. (...). Também é uma forma de educar eles também, entendeu.* **Então, é uma grande diferença da sua casa, do trabalho doméstico e de você como cuidadora, é uma diferença, mas é um vínculo. Mas é um círculo vicioso.** (Renata)

> *Na casa deles é diferente, tem dia que um quer comer sardinha com ovo, outro quer frango assado, aí o que você faz? Não fulano, não tem! Você está na casa dele, faz um "esforcinho", liga para a chefe: Você libera o frango para fulano porque ele não quer comer ovo com sardinha. Então, ali a gente não tem aquele direito que a gente tem na nossa casa de eu decido. Tem que ir ver com o chefe e mais a outra cuidadora, o morador também tem direito de escolher. Na nossa casa, né, a gente está botando, a gente escolhe, né. O filho pede: mãe, eu posso comer isso, aí você vai lá diz que pode; lá na RT não, você tem que só pedir autorização para fazer a vontade do morador. Então uns querem uma coisa e os outros não querem a mesma coisa. Então, isso é cuidado, respeito, higiene...* (Renata).

O processo de trabalho nas residências terapêuticas é diferente em cada uma das unidades. Isso está relacionado não só às particularidades dos moradores, mas também ao próprio gerenciamento do cuidado em saúde mental realizado pelas cuidadoras e suas diferentes concepções. Além disso, a forma como cada município se organiza na distribuição e perfil dos profissionais que atuam nesses dispositivos de atenção psicossocial também interfere. Como este estudo investiga a experiência do município do Rio de Janeiro, as questões problematizadas aqui tendem a apresentar tensões e indagações advindas dessa realidade. Todavia, existem características que ultrapassam esses limites e se colocam como questões de uma realidade macroestrutural.

Em pesquisa realizada em três SRTs de diferentes municípios, Furtado e Braga-Campos (2014) identificaram que a maneira como se operacionaliza o cuidado em saúde mental nesses dispositivos de atenção psicossocial está sob a responsabilidade das cuidadoras. Essas trabalhadoras, além de não receberem formação e de não haver supervisões clínicas, tinham como base para suas condutas as suas próprias vivências e referências morais. Outro ponto identificado pelos autores diz respeito à constatação da sobrecarga e de diversas atribuições, desde "zelar pela limpeza e adequação do espaço físico" até "estimular a contínua aquisição de autonomia dos residentes" (Furtado; Campos, 2014, p. 370). Tudo isso relaciona-se também à baixa escolaridade, precarização e flexibilização dos vínculos de trabalho, posto que as cuidadoras desses municípios são contratadas via Organização Não Governamental (ONG) ou Organizações Sociais (OS)[36].

Parece ser que as problematizações mais gerais aqui expostas contornam o perfil das residências terapêuticas no cenário brasileiro,

---

36. "As mudanças da gestão dos programas e unidades de saúde do Estado, nos anos recentes, por meio dos chamados novos modelos de gestão, trazem desafios importantes sobre a configuração do sistema de saúde brasileiro. Tais alterações têm gerado mudanças legislativas e criação de novas personalidades jurídicas ou são impulsionadas por elas, como as organizações sociais (OSs) e as fundações estatais de direito privado. Especialmente a primeira dessas instituições não é nova. É fruto do programa de contrarreforma do Estado, elaborado por Bresser Pereira, em 1995, e já de antiga implementação no estado de São Paulo. Entretanto, particularmente a partir do final dos anos 2000, observa-se uma aceleração no tempo e maior distribuição no espaço nacional de sua adoção por diferentes governos estaduais e municipais" (Andreazzi; Bravo, 2014, p. 500).

o que nos leva a indagar quais as alternativas possíveis para avançarmos na própria promoção da autonomia desse morador, diante dos impasses e limites que envolvem o trabalho de *care*. Nesse caminho, torna-se necessário conhecermos o perfil dessas trabalhadoras no município do Rio de Janeiro.

## 3.3 Perfil das trabalhadoras do *care* nos Serviços Residenciais Terapêuticos do município do Rio de Janeiro

As primeiras residências terapêuticas — ou Lares Abrigados, como eram denominados — do município do Rio de Janeiro surgiram após as experiências pioneiras de São Paulo e Rio Grande do Sul. Após a implantação do Programa "De Volta Para Casa", no município de Angra dos Reis, a psicóloga Gina Ferreira foi convidada pela direção do Instituto Philippe Pinel — que naquele período pertencia à gestão federal — para implantar o primeiro Lar Abrigado gerido pelo Ministério da Saúde e o primeiro do município fora dos espaços hospitalares.

Esse projeto teve início em 1998 e tinha como objetivo abrigar pessoas com longa permanência em hospitais psiquiátricos, impossibilitados de retornarem para suas famílias. Ele estava dividido em duas etapas: a primeira era composta por ações voltadas para a receptividade e assistência dos usuários[37], e a segunda, por ações que possibilitassem a concessão, pelo poder público, de uma casa que acolhesse até doze pessoas (Ferreira, 2009).

---

37. Na primeira etapa do projeto, "nos reuníamos todos os dias pela manhã no pátio do hospital e ali construíamos nossas ações. Íamos à praia, ao cinema, ao posto de saúde para o *check-up*, ao curso de artesanato. Era necessário criar referências fortes na assistência fora do hospital. Há também que utilizar o tempo como referencial organizador. Quem vive no hospital mergulhado no sofrimento perde essa referência, tudo passa a ser linear. Nessa assembleia diária falávamos sobre as relações, mas fundamentalmente a ideia de casa e lar de cada um" (Ferreira, 2006b, p. 11).

Até a aquisição da casa, o projeto iniciou suas atividades prosseguindo com a primeira etapa. Os primeiros moradores foram encaminhados por diversas instituições e quase todos já estiveram em situação de rua ou em hospitais psiquiátricos. Além disso, um dos propósitos do projeto era trabalhar as três instâncias básicas para a vida fora do manicômio: a moradia, o trabalho e o lazer, possibilitando maior autonomia para tomada de decisão, produção de desejos, participação, viver e refletir. A intenção era que o morador também se apropriasse do novo espaço: a casa, o bairro e a cidade (Ferreira, 2006b).

Apesar da sua organização e propósito estarem direcionados a ações extramuros, a coordenação do Lar Abrigado ficou vinculada ao Instituto Philippe Pinel[38] (IPP) durante muitos anos. Esse instituto é um hospital psiquiátrico, no qual todo o seu funcionamento reproduz os valores e a ética manicomial, que vão na contramão desse projeto, apesar de ter sido "humanizado"[39]. Somente no ano de 2013 foi iniciado o processo de mudança de responsabilidade territorial das residências terapêuticas vinculadas ao IPP para o CAPS UERJ[40].

Destacamos que, apenas em 1996, foi implantado o primeiro Centro de Atenção Psicossocial II (CAPS), localizado em Irajá, sendo o marco inicial da redefinição do modelo assistencial do município do Rio de Janeiro, marcado por ser um grande parque manicomial. A partir disso, começou a construção de outros serviços substitutivos nos moldes da RPB. Tal processo tomou forma no final de 1995, quando

---

38. O Instituto Philippe Pinel foi municipalizado em dezembro de 1999.

39. A humanização do hospital psiquiátrico ocorre pelo simples fato de reorganizar o seu funcionamento, não produzindo o seu desmonte, como apontam os princípios da desinstitucionalização. A incorporação de um serviço extramuros pelo manicômio coloca em risco o processo de desinstitucionalização das pessoas que se encontravam internadas, já que o objetivo do projeto e das SRT é retirar o sujeito do aparato manicomial.

40. O CAPS UERJ apesar de compor a Rede de Atenção Psicossocial (RAPS) do município do Rio de Janeiro, está vinculado à instância estadual e compõe o complexo universitário da Universidade do Estado do Rio de Janeiro — UERJ, sendo, portanto, um serviço de saúde mental com caráter assistencial, de pesquisa e de ensino.

a prefeitura realizou um censo para conhecer o perfil da clientela institucionalizada nos hospitais psiquiátricos.

Sob a justificativa de que a zona oeste era a região do município mais empobrecida de recursos assistenciais e a dificuldade de lotar profissionais nesta área, foi estabelecido convênio entre a Prefeitura e o Instituto Franco Basaglia (IFB) para a implantação dos novos serviços na cidade. O IFB era uma instituição civil sem fins lucrativos, que atuava na área da saúde mental e da reforma psiquiátrica no Brasil. Foi fundado em 1989, no Rio de Janeiro, tendo como principal objetivo desenvolver ações estratégicas de incentivo à formulação de políticas públicas, que resgatassem os direitos à cidadania, das pessoas em sofrimento psíquico. Portanto, em 1996, teve início a implantação dos CAPS, via convênio entre IFB e Prefeitura.

Além dos CAPS, o IFB assumiu a contratação da equipe do Lar Abrigado e também a manutenção da casa que foi alugada para realizar o projeto. Esse convênio durou até 2008. Com o término desse convênio com o IFB, a Prefeitura abriu o processo de licitação para que novas instituições pudessem concorrer e assumir o gerenciamento das residências terapêuticas implantadas no município. Naquele momento a instituição aprovada foi a APACOJUM.

A APACOJUM esteve à frente dessa parceria até o primeiro semestre de 2015[41], quando, devido à conjuntura política e econômica do município, perdeu a licitação para renovação da parceria com a Prefeitura, o que provocou a mudança da gestão desses serviços para outra instituição. Destacamos que, tanto o IFB quanto a APACOJUM foram ONG's consideradas "parceiras" da Reforma Psiquiátrica. Essa "parceria" em prol dos interesses ídeo-políticos da RPB não

---

41. A APACOJUM absorveu por completo a administração da contratação dos trabalhadores vinculados ao IFB apenas no ano de 2010. Anteriormente, ela geria apenas os serviços residenciais terapêuticos do Instituto Municipal Juliano Moreira (anteriormente Colônia Juliano Moreira), localizado na zona oeste do Rio de Janeiro. Esse convênio da prefeitura com a APACOJUM para a gerência do programa de residências terapêuticas do IMAS Juliano Moreira estava firmado desde os anos 2000.

questiona a tensão existente entre a parceira público-privada, ou seja, a privatização da saúde pública, e nem o processo de precarização e terceirização, o que fragiliza não só a política de saúde mental, mas também o próprio SUS[42].

A implementação da contrarreforma neoliberal do Estado se propõe efetivar a execução das políticas públicas por uma ampla gama de instituições "não governamentais", "não lucrativas" e voltadas ao desenvolvimento social — especialmente em setores não considerados "atividades do Estado" ou "competitivos", em que a prestação de serviços de saúde está classificada no Plano Diretor da Reforma do Estado proposta por Bresser Pereira (Bresser Pereira, 1996). Isso daria origem a uma "esfera pública não estatal", constituída por "organizações da sociedade civil de interesse público" (Iamamoto, 2006). De acordo com Martins (1998), tal situação tem sido proclamada como o advento de uma era pós-burocrática, na qual as mazelas da burocracia estatal seriam, por fim, equacionadas com maior racionalidade no seio da própria sociedade. Ainda para Iamamoto, o conceito de terceiro setor articulado com a sociedade civil "tende a ser interpretado como um conjunto de organizações distintas e 'complementares', destituídas dos conflitos e tensões de classe, onde prevalecem os laços de solidariedade" (Iamamoto, 2006, p. 31) (Andreazzi; Bravo, 2014, p. 504-505).

De acordo com a publicação do Ministério da Saúde, *Residências Terapêuticas: o que são para que servem*, os serviços residenciais terapêuticos devem estar vinculados aos CAPS através do Cadastro Nacional de Estabelecimentos de Saúde (CNES), ou seja, as SRTs, apesar de serem casas alugadas ou compradas na cidade, são consideradas estabelecimentos de saúde. O CAPS é o dispositivo responsável pelo acompanhamento psicossocial dos moradores das residências, logo, é essa equipe que deve proporcionar o "tratamento" dessas pessoas.

---

42. Para maior aprofundamento acerca da mercantilização da política de saúde no município do Rio de Janeiro, buscar Bravo (2015), Andreazzi e Bravo (2014).

É importante destacar esses princípios, pois as experiências dos SRTs no município do Rio de Janeiro ficaram muito tempo vinculadas aos grandes institutos psiquiátricos. Apenas em 2008/2009 foi realizada a primeira mudança de gestão dos SRT para os CAPS, o que já estava previsto desde 2004. De acordo com Silverio (2012), nesse período o CAPS Clarice Lispector "assume a primeira experiência da cidade na gestão deste serviço, sendo responsável pelo gerenciamento administrativo destes dispositivos e pela condução clínica do trabalho junto à equipe de segmento territorial" (Silverio, 2012, p. 1). Logo, esse CAPS assumiu um dos SRTs que estava vinculado anteriormente ao Instituto Municipal de Assistência à Saúde — Nise da Silveira (IMAS Nise da Silveira), localizado na zona norte da cidade.

Para auxiliar no cotidiano das casas e garantir de forma efetiva o cuidado em saúde mental, foi constituída a equipe de segmento. Essa equipe é composta pela coordenação do segmento, acompanhantes terapêuticos — que são profissionais com ensino superior[43] — e as cuidadoras em saúde mental. Romano e Silverio (2012) explicam que a nomenclatura adotada — segmento e não seguimento — se fez por uma escolha metodológica

> que considera a distância necessária aos serviços substitutivos (CAPS e SRT) no que tange às questões do tratar e do morar, ainda que haja um intercruzamento entre elas. Portanto, segmento por tratar-se de uma parte do trabalho que é realizado pelo CAPS, mas fora dele, na comunidade, cidade, território, na privacidade de uma casa. E não como seguimento, no sentido de continuação, prosseguimento, acompanhamento do tratar, embora vinculado a ele. Pois, embora a vida comporte também o tratamento, esta é muito mais que simples seguimento deste (Romano; Silverio, 2012, p. 1-2).

---

43. No início da constituição da equipe de segmento, apenas profissionais com formação em psicologia eram contratados para exercerem a função. Posteriormente, outros profissionais foram sendo incluídos nessa função, como: assistentes sociais, enfermeiros, terapeutas ocupacionais.

Segundo Romano e Silverio (2012), a equipe de segmento possui modalidades de acompanhamento clínico que transversalizam ambos os cargos, acompanhantes terapêuticas e cuidadoras. Para as autoras, a diferença entre o acompanhante terapêutico (AT) e a cuidadora estabelece-se da seguinte forma: 1) as cuidadoras são "leigas" por não estarem vinculadas a um determinado saber técnico/científico. Esse "saber leigo" possibilita garantir que a SRT seja uma moradia e não uma instituição de saúde e também assegurar a cidadania do sujeito; 2) a acompanhante terapêutica não está na moradia para assumir qualquer tratamento clínico dos moradores. A visão clínica do AT é para estar atenta à dinâmica de cada morador e as suas relações com a casa. É a AT quem realiza a interlocução com os diferentes atores institucionais: CAPS, saúde pública, justiça etc. (Romano; Silverio, 2012)

> Dizemos que as acompanhantes terapêuticas têm dupla função de supervisão: 1°. Supervisiona a logística/ organização do trabalho efetuada pelas cuidadoras. 2°. procura estar junto das cuidadoras acolhendo suas angústias e contribuindo na resolução dos problemas e acompanha os moradores, estando próximas em suas tarefas diárias, nos enfrentamentos impostos pela inserção social, e também nos momentos mais difíceis, como os de desestabilização do quadro psiquiátrico, intercorrências clínicas. Quanto às cuidadoras: 1°. Assumem o cuidado cotidiano tendo seu olhar direcionado para a inclusão na vida comunitária. Estão presentes em ações diversas dependendo da demanda de cada casa e de cada morador. 2°. A ênsafe deste acompanhamento é fazer com eles e não fazer por eles, de forma tutelar. Auxiliar naquilo que for necessário, de acordo com as possibilidades. O papel do cuidador se destaca então como peça fundamental nos processos de desinstitucionalização e inclusão comunitária. Se o acompanhante terapêutico é responsável pela condução do trabalho, podemos afirmar que o cuidador é a garantia para a realização deste (Romano; Silverio, 2012, p. 2).

Essa visão sobre a cuidadora "leiga" é disseminada em todas as esferas da saúde mental no município do Rio de Janeiro. Isso se expressa na exigência no momento da contratação da profissional, na produção acadêmica (Figueiredo; Frare, 2008; Romano; Silverio, 2012) e na gestão dos dispositivos de atenção psicossocial.

Podemos observar na publicação do Diário Oficial do Município do Rio de Janeiro do dia 1º de outubro de 2008, ano XXII, n. 134[44], alguns argumentos utilizados para a contratação da equipe de segmento através da parceria público-privado, a fim de darem continuidade às ações em curso nos SRTs vinculados ao Instituto Philippe Pinel. Uma das justificativas era dar continuidade à implantação desses serviços substitutivos e sua importância como estratégia para a efetivação da política de saúde mental. Outro elemento extremamente relevante para a nossa análise diz respeito a não existência da categoria cuidador em saúde mental no banco de servidores públicos, o que implica em sua contratação, ou seja, não existe a função no quadro técnico de profissionais da Prefeitura e por isso haveria a necessidade de se estabelecer uma parceria público-privada. Logo, a própria gestão municipal reafirma a terceirização e a precarização através do argumento da expansão da Rede de Atenção Psicossocial.

Já na publicação *As Residências Terapêuticas no Município do Rio de Janeiro: habitando a casa, a cidade e a vida*, a cuidadora é identificada como uma profissional não especializada que possui um lugar estratégico e de importância no processo de desinstitucionalização. Apesar de não possuírem uma formação, o "saber leigo" não dispensa qualificações que possibilitem uma reflexão, de sua parte, acerca do trabalho em saúde mental. Além disso, é no processo de execução do trabalho que se reflete sobre ele. Logo, reconhece-se "neste fazer uma formação profissional, mas, sobretudo humana, que se dá em serviço, e mais precisamente no encontro com os moradores, ampliando as possibilidades de construções cotidianas de todos os profissionais" (Rio de Janeiro, 2014, p. 20).

---

44. Essa publicação corresponde à abertura do processo de licitação do convênio que a APACOJUM ganhou para assumir os SRT que eram vinculados ao IPP.

Diante desse cenário de não reconhecimento da profissionalização das cuidadoras, foi traçado o perfil das trabalhadoras do *care* no município do Rio de Janeiro. Identificar quem são essas cuidadoras é fundamental para compreender de que forma o discurso assumido em prol da Reforma Psiquiátrica vem se colocando de maneira a-crítica, principalmente no que diz respeito às questões macroestruturais que envolvem o trabalho do *care* em um cenário nacional e internacional.

Ao identificar as cuidadoras que atuam na prestação dos cuidados em saúde mental para as pessoas em sofrimento psíquico, foi possível constatar a invisibilidade existente acerca dessas trabalhadoras que compõem um campo tão complexo. No período de julho a setembro de 2014, identificou-se 258 cuidadoras[45] vinculadas à APACOJUM, fossem elas recém-contratadas, em exercício, em licença ou em processo de desligamento da instituição. Conforme prevíamos, há uma predominância dessa ocupação por parte das mulheres, onde elas representam 88% (228) e os homens ficam apenas em 12% (30).

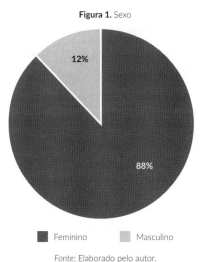

**Figura 1.** Sexo

*Fonte*: Elaborado pelo autor.

---

45. Ao coletarmos os dados para o mapeamento do perfil das cuidadoras do município do Rio de Janeiro, conseguimos identificar apenas 258 trabalhadores.

Em relação à identidade racial não foi possível coletarmos essa informação a partir da própria identificação dos sujeitos da pesquisa. O quesito raça foi preenchido através da visualização das fotos que constavam nas fichas cadastrais das trabalhadoras, logo, a pesquisadora foi quem identificou e classificou os sujeitos a partir da sua concepção racial e étnica. É preciso assinalar que essa identificação racial é algo individual e particular, sendo que o ideal seria a autodeclaração[46].

Outra questão diz respeito ao quesito "cor" utilizado pelo IBGE. Para este estudo, a identificação realizada pelo órgão apresenta limitações, já que raça não é uma categoria biológica e sim uma construção social e cultural. Portanto, utilizamos a terminologia negro/a como identidade racial reunindo as "cores" preto e pardo[47].

Apesar dos limites da coleta dos dados, eles são extremamente relevantes para a compreensão do trabalho do *care* na história da sociedade brasileira, marcada pela desigualdade de raça/etnia, perpetuada pelo pensamento conservador e escravocrata. A predominância de mulheres negras em trabalhos domésticos e de *care* não é de hoje, ela apenas nos faz relembrar a herança perpetuada pela subalternidade racialmente que ainda nos marca. Nesse cenário, temos 72% (185) de cuidadoras negras e 26% (67) de brancas.

---

46. "Identidade racial/étnica é o sentimento de pertencimento a um grupo racial ou étnico, decorrente de construção social, cultural e política. Ou seja, tem a ver com a história de vida (socialização/educação) e a consciência adquirida diante das prescrições sociais raciais ou étnicas, racistas ou não, de uma dada cultura" (Oliveira, 2004, p. 57).

47. "O IBGE trabalha então com o que se chama 'quesito cor', ou seja, a 'cor da pele', conforme as seguintes categorias: branco, preto, pardo, amarelo e indígena. Indígena, teoricamente, cabe em amarelos (populações de origem asiática, historicamente catalogados como de cor amarela), todavia, no caso brasileiro, dada a história de dizimação dos povos indígenas, é essencial saber a dinâmica demográfica deles. Um outro dado que merece destaque é que a população negra, para a demografia, é o somatório de preto + pardo. Cabe ressaltar, no entanto, que preto é cor e negro é raça. Não há 'cor negra', como muito se ouve. Há cor preta". (Oliveira, 2004, p. 58).

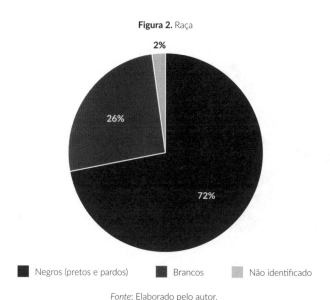

Figura 2. Raça

■ Negros (pretos e pardos)   ■ Brancos   ▨ Não identificado

*Fonte*: Elaborado pelo autor.

Em relação à escolaridade dessas trabalhadoras, constatamos que 64% (163) possuem o ensino médio completo (EMC), 15% (38) não foi possível a identificação, 5% (13) apresentam o ensino fundamental incompleto (EFI), outras 5% (13) têm o ensino superior completo (ESC), 4% (11) o ensino fundamental completo (EFC), outras 4% (11) o ensino médio incompleto (EMI) e 3% (7) o ensino superior incompleto (ESI). O interessante desse fenômeno é a diversidade existente em relação aos 36% que apresentam múltiplas escolaridades, conforme demonstra a Figura 3. Apesar da grande maioria possuir o EMC, essa ocupação permite a inserção das mulheres que possuem as mais diversas escolaridades no mercado de trabalho. Já as profissionais que estão cursando ou já terminaram o ensino superior e atuam como cuidadoras, concentram-se nas seguintes profissões: psicologia, enfermagem e educação física, o que demonstra a continuidade da prática do cuidado na saúde mental (Figura 4).

A faixa etária das cuidadoras concentra-se nos seguintes valores conforme assinalado na Figura 5: de 18 a 25 anos identificou-se 4% (10);

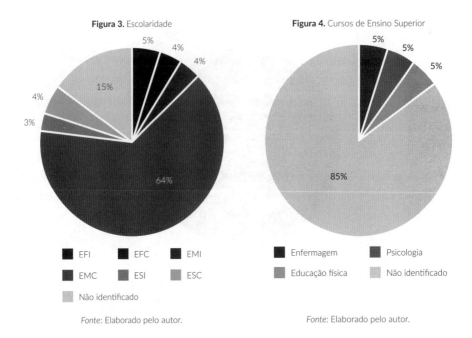

Fonte: Elaborado pelo autor.

dos 25 a 35 anos tem-se 17% (43); dos 35 a 45 anos encontra-se 34% (88); dos 45 a 60 anos localiza-se o maior número de trabalhadoras com 42%, que significam 108 cuidadoras, e, em seguida, temos as maiores de 60 anos que representam 3% (7).

Além disso, foi possível identificar cadeias de familiares de cuidadoras que trabalham e exercem a mesma ocupação, como irmãs e primas. Como algumas dessas mulheres nunca trabalharam e a ocupação de cuidadora não exige uma experiência prévia e sim uma "disponibilidade" de promover e viabilizar o cuidado em saúde mental, tende a ocorrer "indicações" para as vagas disponíveis, por parte daquelas que já se encontram trabalhando. O que também pode significar a inserção tardia de algumas no mercado de trabalho formal ou a perda de empregos anteriores, além da necessidade de se inserir novamente independentemente da função que irá ocupar.

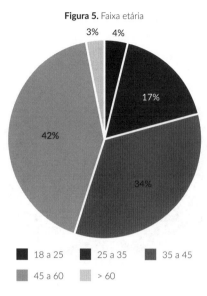

**Figura 5.** Faixa etária

Fonte: Elaborado pelo autor.

Na Figura 6 podemos perceber que apenas 14% (36) das cuidadoras trabalhavam anteriormente. Todavia, nas informações contidas nos dados cadastrais da instituição não foi possível identificar as demais 84% (218). Salientamos que apenas alguns prontuários continham o currículo e o histórico profissional das trabalhadoras, o que facilitou imensamente a identificação do perfil dessas profissionais. Essa ausência de informação deixa encobertas as trajetórias profissionais e alta rotatividade do trabalho de *care* na saúde mental.

No que diz respeito ao tempo de trabalho como cuidadora, a Figura 7 mostra a expressiva rotatividade dessa ocupação, sendo que 47% (121) das cuidadoras apresentava menos de um ano de trabalho e 42% (108) entre 1 e 3 anos. As demais concentram-se entre 3 a 5 anos de trabalho, o que significa 4% (10) e as outras possuem de 5 a 10 anos, representando 7% (18).

Cabe recordar que, apesar dos dados demonstrarem uma curta permanência nesse tipo de trabalho, é preciso destacar duas questões:

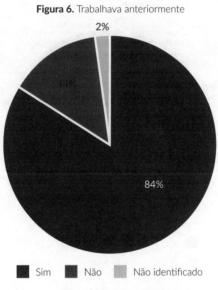

**Figura 6.** Trabalhava anteriormente

Sim — Não — Não identificado

*Fonte*: Elaborado pelo autor.

a primeira diz respeito à precarização dos vínculos de trabalho, pois estamos falando de profissionais que são terceirizadas. Esse tipo de vínculo é sucateado e instável, logo, quando não ocorrem os repasses de verba ou acontece algum corte, as trabalhadoras deixam de receber seus salários. A segunda questão refere-se às mudanças de gestão dos serviços e das contratações, sendo que algumas profissionais já trabalhavam anteriormente como cuidadoras na rede de saúde mental e tiveram que migrar de uma instituição para outra. Tal fato impacta não só nos direitos das trabalhadoras, mas também na própria prestação do *care* ofertados por elas, além de se perderem os históricos profissionais documentados nos registros das instituições.

Referente às ocupações anteriores exercidas pelas trabalhadoras, identificamos as mais diversas: supervisora de loja, auxiliar de tesouraria, comerciante, cozinheira, auxiliar de serviços gerais, assistente de recursos humanos, auxiliar de cozinha, auxiliar de escritório e

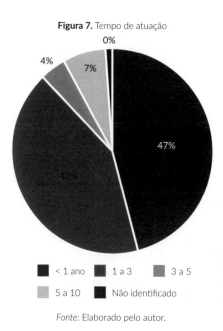

Figura 7. Tempo de atuação

*Fonte*: Elaborado pelo autor.

vendedora. Além disso, existem aquelas que já exerciam a função de cuidadora e também de técnica de enfermagem, o que não significa que conheçem ou têm experiência na saúde mental. A maioria das atividades realizadas anteriormente pelas cuidadoras vincula-se ao setor de serviços, e demonstra a permanência de algumas em trabalhos que possuem características domésticas e que não demandam maiores qualificações profissionais.

Visualizar essas informações permite o questionamento de direções ídeo-políticas centradas meramente nos usuários da saúde mental. É preciso problematizar as condições de trabalho, a qualificação profissional e os modelos de vínculos empregatícios, pois são fundamentais para o andamento e a efetivação dessa política. Não é possível buscar uma transformação societária sem questionar o modelo vigente. A busca pela mudança na saúde mental precisa estar assentada em um projeto societário de transformação que envolva todos os sujeitos, sejam eles usuários, profissionais, familiares ou a sociedade de modo geral.

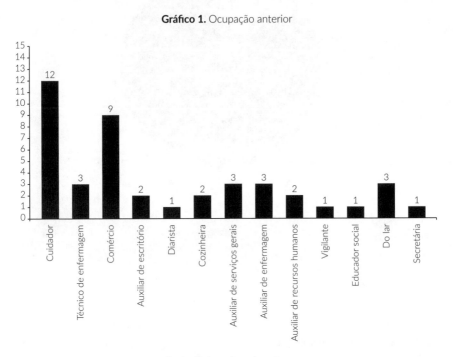

**Gráfico 1.** Ocupação anterior

*Fonte*: Elaborado pelo autor.

Em 2015, o Programa Residencial Terapêutico do Município do Rio de Janeiro, que é gerido pela Superintendência de Saúde Mental, entrou em colapso no que diz respeito às condições de trabalho e à qualidade do acompanhamento dos moradores das residências terapêuticas. Por ser um programa que se sustenta pela via da privatização da saúde e pela precarização do trabalho, apoia-se nos convênios com ONGs que demandam a sua renovação a cada dois anos. Esse tipo de transferência de verba pública é extremamente frágil e burocrático, o que vem promovendo uma série de prejuízos para todos os trabalhadores, moradores e para a efetivação da política.

Diante dessa realidade caótica, os trabalhadores dos SRTs e dos CAPSi que estavam vinculados a esses convênios[48] começaram a reivindicar respostas por parte da gestão do município. A princípio, a gestão apresentava soluções rápidas e animadoras, afirmando que tudo se resolveria e que haveria renovação do convênio com a APACOJUM. Entretanto, a situação arrastou-se por alguns meses, levando ao colapso total: ausência de verba para repassar às SRTs (para fins de alimentação dos moradores e para a manutenção das casas) e também para o pagamento dos salários dos diversos profissionais.

Além dessa situação específica dos dispositivos de moradia, outros retrocessos vêm acontecendo na saúde mental do município como um todo: a intensificação dos contratos com as Organizações Sociais, ampliando a lógica empresarial; aberturas de leitos em instituições psiquiátricas, contrariando os princípios da RPB; a implementação do Sistema de Regulação para as Internações Psiquiátricas (SISREG), que marca o descompromisso com a territorialização do cuidado; o sucateamento dos serviços através do não investimento na manutenção dos mesmos; falta de profissionais e de medicamentos na rede, além de outras situações. Em resposta a tudo isso, trabalhadores da rede de saúde mental começaram a se reunir para discutir e pensarem sobre a situação atual da política e criaram o Fórum de Trabalhadores da Saúde Mental do Rio de Janeiro.

Esse Fórum, além de produzir um manifesto, também organizou e promoveu a seguinte atividade: *Seminário Privatizações, Desmonte da Rede de Saúde Mental e Retrocesso na Reforma Psiquiátrica: como nos organizaremos para resistir?*, realizado no dia 14 de março de 2015, na Universidade Estadual do Rio de Janeiro (UERJ). É importante destacar que, além do Fórum de Trabalhadores da Saúde Mental, também se criou um outro espaço importante dos trabalhadores: o Fórum dos Trabalhadores do Programa Residencial Terapêutico do Município do

---

48. As cuidadoras estão inseridas em ambos os convênios, tanto para os SRT's quanto para os CAPSi's.

Rio de Janeiro. A partir desse novo Fórum, foi possível a elaboração de um manifesto. Nele, enumerou-se os principais fatores do cenário desfavorável que impactam diretamente na situação dos trabalhadores e acentuam a precarização vivenciada por eles:

1. Suspensão das férias;
2. Atraso nos salários;
3. Atraso no dissídio (defasagem salarial);
4. Impossibilidade de reposição dos profissionais que saíram (déficit de funcionários);
5. Impossibilidade de abrir novos SRTs devido à falta de verbas;
6. Aumento significativo da saída de profissionais (muitos desistem do trabalho pela insegurança do futuro);
7. Total indefinição, tanto sobre o futuro dos trabalhadores, quanto do programa como um todo.

A realidade do município do Rio de Janeiro não está isolada do cenário brasileiro como um todo, principalmente no que diz respeito às refrações do neoliberalismo e da contrarreforma do Estado. Todavia, há particularidades no caso do Rio de Janeiro, no que diz respeito a organização dos trabalhadores e militantes da saúde mental diante das dificuldades postas. Em relação à resposta da gestão do município, podemos dizer que foi demasiadamente lenta e limitada no que diz respeito à mudança da gestão dos serviços. Ou seja, desfez-se a "parceria" com uma instituição de caráter antimanicomial para se aliar a outra que apresenta mais interesses mercantis. Todos os trabalhadores migraram para a nova instituição sem previsão do pagamento da rescisão e dos salários atrasados.

Após cerca de seis meses de reivindicação e pressão dos trabalhadores para receberem a rescisão salarial, os trabalhadores, especificamente vinculados ao Programa Residencial Terapêutico (PRT), divulgaram uma carta, exigindo aumento salarial e denunciando mais uma vez as péssimas condições de trabalho. A carta foi aprovada no dia 15 de fevereiro de 2016 em assembleia, a fim de que fosse entregue ao Secretário de Saúde do município juntamente com o pedido de audiência pública.

Ao mesmo tempo que ocorria essa tensão no Rio de Janeiro, no município de Niterói, a situação da saúde mental encontrava-se em estado de calamidade. Niterói é um dos municípios da Região Metropolitana do Estado do Rio de Janeiro e vem sofrendo de forma intensiva o sucateamento da Rede de Cuidados da Saúde Mental, sendo que a maioria dos profissionais da saúde mental possuíam vínculos trabalhistas com a prefeitura, através de contratos temporários e precários. Além disso, o salário sempre atrasava e não havia nenhum dos direitos trabalhistas previstos em lei.

O cenário de Niterói aprofundou-se em meados de 2014 e arrastou-se em 2015, sendo que os profissionais contratados estavam sem receber há meses, sem condições adequadas de trabalho. Tudo isso gerou um colapso total e a paralisação da rede. Logo, constituiu-se o Fórum dos Trabalhadores em Saúde Mental de Niterói para melhor organizar a reivindicação junto a gestão do município. A resposta da prefeitura foi a abertura de um processo seletivo, com caráter de contratação temporária sob o regime da CLT, promovendo a substituição de praticamente todos os trabalhadores que se encontravam nos diversos serviços substitutivos. De acordo com Gomes (2015, p. 303), a cidade de Niterói vem experimentando

> ao longo dos últimos anos, formas cada vez mais intensas de precarização e flexibilização dos seus direitos. A responsabilidade da administração e execução da política de saúde no município é da Fundação Municipal de Saúde, uma fundação de direito público criada pela Lei Municipal n. 781/88. A fundação é vinculada à Secretaria Municipal de Saúde e deveria, por força da referida Lei, ter seu quadro de pessoal regido pelo Estatuto de Funcionários Públicos Municipais admitidos através da realização de concurso público. No entanto, uma das formas de contratação mais comum no município tem sido, até o ano em curso,

o sistema de Recibo de Pagamento Autônomo (RPA). Cabe lembrar que apesar do preceito institucional exigir a realização de concurso público para provimento de funcionário de carreira no serviço público, a Emenda Constitucional n. 19/1998 previu a contratação de pessoal por regimes distintos (estatutários e CLT) pelo mesmo ente federativo.

A situação caótica da política de saúde mental no Rio de Janeiro, em Niterói e em outros municípios do Estado do Rio de Janeiro, é apenas um pequeno reflexo da realidade nacional. Há uma hipervalorização da mercantilização da saúde pública, expressa pela transferência da gestão e prestação dos serviços para as organizações sociais; pelo corte da verba pública para a política de saúde como um todo; o investimento nas comunidades terapêuticas (CT) em busca de combater uma falsa epidemia do crack, promovendo um não investimento em serviços substitutivos e reforçando a internação como única saída[49]; a não expansão da Rede de Atenção Psicossocial; a não abertura de concursos públicos e as demais formas de precarização.

Para Vasconcelos (2016, p. 13):

A crise fiscal dos governos federal, estaduais e municipais, decorrentes destas políticas neoliberais, gera um sucateamento do conjunto das políticas sociais e, particularmente, das políticas de saúde, cujo maior exemplo é a atual calamidade dos serviços de saúde do estado do Rio de Janeiro. Todas essas tendências estão se combinando para reforçar o conservadorismo que também incide no campo da saúde mental no Brasil.

---

49. Segundo Vasconcelos (2016, p. 15), na constituição da "portaria da RAPS [Rede de Atenção Psicossocial], a própria Coordenação de Saúde Mental do Ministério da Saúde recebeu ordens "superiores" de inserir a comunidade terapêutica como um dos serviços da rede. Contudo, ao normatizar isso, como uma forma de resistência, criou portarias com um número grande de exigências, às quais as comunidades terapêuticas não puderam responder. Então, a imposição do governo se deslocou para a Senad [Secretaria Nacional de Políticas sobre Drogas], forçando o financiamento das CT's com recursos do Ministério da Justiça. Hoje não só a Justiça financia, mas também a Assistência Social e, no nível municipal, também a pasta da Saúde".

## 3.4 A busca pela regulamentação da profissão

No cenário brasileiro, essa figura da cuidadora é relativamente recente, sendo conhecida popularmente como "acompanhante"[50]. Era essa pessoa que recebia uma determinada remuneração para auxiliar aos idosos em suas atividades da vida diária, em seu domicílio. Devido às reconfigurações internacionais e nacionais, esse novo sujeito político ganhou força e espaço, o que proporcionou um maior estímulo para que ocorressem ações governamentais e intervenções legislativas para regulamentar essa ocupação.

> Esse fenômeno decorre de inúmeras transformações, mas, principalmente, de mudanças no padrão demográfico das sociedades, cuja população tem envelhecido, vivido mais e, portanto, demandado um novo tipo de atenção. É assim que, em anos recentes, tem aparecido a figura da cuidadora ou cuidador, aquela ou aquele que cuida — formal ou informalmente, com ou sem remuneração — das pessoas idosas dependentes. O *care* não se refere apenas ao cuidado desse grupo; mas, dado que várias categorias antes separadas (a enfermeira e as técnicas de enfermagem, de um lado, e trabalhadoras domésticas, de outro) passaram a desempenhar esse papel, ao lado da cuidadora — com repercussões nas oportunidades ocupacionais, nas formas de regulamentação profissional e nas carreiras —, ele tem sido associado ao cuidado daqueles inseridos na chamada quarta fase da vida (infância, adolescência, adultez e velhice): "... o cuidado aos idosos é um campo especialmente rico [e] o estudo do trabalho do *care* evidencia que tarefas similares são realizadas sob múltiplas maneiras, bem como sob diferentes formas de trabalho e relações de emprego, que se combinam de modos variados com tipos diversos de provisão (p. 64)". (Tartuce, 2013, p. 366-367).

O termo cuidador apareceu com a introdução da nova Classificação Brasileira de Ocupações (CBO) nos anos 2000. De acordo com

---

50. Para maior aprofundamento, buscar Groisman (2015).

as instruções da CBO[51], a indicação para a formação para as cuidadoras de crianças, jovens, adultos e idosos é de cursos livres com carga horária de 80/160 horas, com idade mínima de dezoito anos e ensino fundamental completo. Já em relação à prática profissional, pode ser realizada em instituições públicas e/ou privadas, além de domicílios. No que diz respeito às funções executadas, estão divididas em sete grandes eixos: cuidar da pessoa; cuidar da saúde da pessoa; promover o bem-estar da pessoa; cuidar da alimentação da pessoa; cuidar do ambiente domiciliar e institucional; incentivar a cultura e a educação; acompanhar a pessoa em atividades externas (passeios, viagens, férias).[52]

Atualmente, não existem dados que quantifiquem o número e o perfil dessas trabalhadoras nem de que forma e condições estão desempenhando seus respectivos trabalhos. Para Duarte (2006), a expansão da figura da cuidadora ocorreu não só pelas mudanças nos cuidados ofertados pelas famílias, mas também pelo surgimento de programas em nível federal que estimularam essa ocupação, sobretudo, na atenção aos idosos. Já para Groisman (2015), desde os anos 1990, vinha se constituindo uma certa preocupação em relação à proteção formal e legal para essas trabalhadoras, especialmente por parte daqueles que estavam vinculados à temática dos cuidados e da formação de cuidadores.

No caso do cuidado prestado à população idosa, a temática relacionada à figura da cuidadora vem sendo discutida pelo governo federal desde 1998, devido à demanda apresentada pela sociedade

---

51. Informações obtidas em consulta ao site do Ministério do Trabalho e Emprego.

52. As competências pessoais exigidas para a ocupação são: demonstrar preparo físico; demonstrar capacidade de acolhimento; demonstrar capacidade de adaptação; demonstrar empatia; respeitar a privacidade; demonstrar paciência; demonstrar capacidade de escuta; demonstrar capacidade de percepção; manter a calma em situações críticas; demonstrar discrição; demonstrar capacidade de tomar decisões; demonstrar capacidade de reconhecer limites pessoais; demonstrar criatividade; demonstrar capacidade de buscar informações e orientações técnicas; demonstrar iniciativa; demonstrar preparo emocional; transmitir valores a partir do próprio exemplo e pela fala; demonstrar capacidade de administrar o tempo; demonstrar honestidade.

civil organizada e também aos princípios legais da Política Nacional do Idoso (Lei n. 8.842 de 1994). Entretanto, em 1999, instituiu-se, via Ministério da Saúde, a Política Nacional de Saúde do Idoso, sendo que, no mesmo ano, foi criada a Portaria Interministerial que regulamenta o Programa Nacional de Cuidadores de Idosos, via Ministério da Saúde e Ministério do Desenvolvimento Social.

Esse programa teve por objetivo promover a melhoria das condições de atenção ao idoso mediante a capacitação de cuidadoras domiciliares, familiares, não familiares e institucionais dando ênfase à promoção de saúde, à prevenção de incapacidades e à manutenção, pelo maior tempo possível, da capacidade funcional do idoso. Nesse programa, foram capacitados multiplicadores que deveriam reproduzir, em seus locais de origem, oficinas de capacitação voltadas aos cuidadores e especificidades de atenção de cada região (Duarte, 2006).

Ao mesmo tempo em que ocorriam esses fatos, o trabalho de cuidadora vinha sendo reeditado e reconhecido na Classificação Brasileira de Ocupações (CBO), instituída pela Portaria Ministerial n. 397, de 9 de outubro de 2002, e passou a integrar a CBO sob o código 5162, que engloba diversas ocupações direcionadas ao trabalho do cuidado: babá, cuidador de idosos, mãe social, cuidador em saúde. Ainda em 2002, foi publicada e estabelecida a criação de Redes Estaduais de Atenção à Saúde do Idoso que determinam a criação dos Centros de Referência em Assistência à Saúde do Idoso. Além disso, houve a necessidade de instituir uma rede formal de apoio, orientação e acompanhamento de cuidadores de pessoas incapacitadas. Assim, instituiu-se em 2003 o Programa Nacional de Cuidadores. Apesar da sua imensa contribuição, o programa não avançou[53].

A formação de cuidadores foi retomada novamente, em 2007, desenvolvendo-se numa realidade em que as políticas direcionadas à formação de trabalhadores da saúde encontravam-se em um contexto de mudanças. O Programa para Formação de Cuidadores de Idosos

---

53. Para maior aprofundamento acerca do assunto, buscar Groisman (2013; 2015).

(PNFCI), nessa nova edição, vinculou-se à Política de Educação Permanente do SUS que foi instituída, em 2003, pelo Ministério da Saúde. A sua execução agora seria realizada pelas escolas técnicas do SUS (ETSUS) dos diversos estados (Groisman, 2013).

Groisman (2013) assinala que a reativação do PNFCI estava vinculada a uma demanda que tinha sido identificada pela área técnica de saúde do idoso do Ministério da Saúde, ou seja, havia a preocupação de retomar a figura da cuidadora, a fim de sanar o hiato existente na execução da política pública. Após ser lançado oficialmente, o programa sofreria uma modificação, no que diz respeito a sua inclusão no Programa de Formação de Profissionais de Nível Médio para a Saúde (Profaps). Tal programa "possuía recursos para qualificar centenas de milhares de trabalhadores no país. Na época, a formação de cuidadores foi listada como meta do governo Lula, que previa qualificar 66.000 cuidadores de idosos em um período de quatro anos" (Groisman, 2013, p. 400).

No que diz respeito à regulamentação dessa ocupação de cuidadora, está em tramitação o projeto de Lei n. 4.702/2012, de autoria do senador Waldemir Moka (PMDB-MS), que dispõe sobre o exercício da profissão de cuidadora de idosos. O projeto encontra-se na Comissão de Seguridade Social e Família da Câmara dos Deputados e tinha como relatora a deputada Benedita da Silva (PT-RJ).

O projeto encontra-se em um cenário de disputas, principalmente no que diz respeito às atribuições, aos requisitos, à formação e a quem poderá exercer essa ocupação (Debert; Oliveira, 2015). Destacamos que a proposta de regulamentação estava direcionada exclusivamente para cuidadoras de idosos, delimitando a clientela a ser atendida pela profissional. Porém, o cuidado não está apenas no campo gerontológico e geriátrico; ele os ultrapassa, localiza-se nas necessidades ontológicas do ser social e, por esse motivo, as trabalhadoras do *care* devem atuar nas múltiplas esferas da promoção do cuidado, sejam elas: saúde, direitos humanos, assistência social etc. Logo, uma das mudanças que possibilitariam o avanço do debate tem girado em torno da mudança da nomenclatura de cuidadora de idosos para cuidadora social.

Outro ponto demasiadamente relevante no projeto diz respeito à exigência da formação. O profissional deverá ter idade superior a 18 anos, ensino fundamental completo, curso de formação de cuidador, podendo ser presencial ou semipresencial, conferido por instituição de ensino reconhecida por órgão público competente das esferas federal, estadual ou municipal. Caberá ao órgão público que regulamentar o curso de formação determinar a carga horária e conteúdo mínimo que deverão ser cumpridos, bem como incentivar a formação de cuidadora por meio das redes de ensino técnico-profissionalizante e superior.

Além desse projeto, está em tramitação um outro que é a PL n. 1.385/2007, apresentado pelo Deputado Felipe Bornier (PHS-RJ), que dispõe sobre o reconhecimento e a regulamentação do exercício de cuidadora a partir das seguintes divisões: cuidadora de idoso, cuidadora infantil, cuidadora de pessoa com deficiência e cuidadora de pessoa com doença rara. Atualmente, na relatoria desse projeto está a deputada Cristiane Brasil (PTB-RJ), que modificou a proposta original, voltada para a regulamentação da profissão de babá e passou a ser direcionada às especializações de cuidadores.

Outro ponto tratado no projeto de lei diz respeito aos requisitos para o exercício profissional: possuir no mínimo dezoito anos completos; ter concluído o ensino fundamental; apresentar curso de qualificação profissional organizado e regulamentado pelo Ministério da Educação; não ter antecedentes criminais e apresentar atestado de aptidão física e mental. Foi definida a jornada de trabalho, que poderá ser de até 44 horas semanais, com carga horária de até oito horas diárias ou em turno de 12 horas trabalhadas e 36 horas de descanso.

Apesar dos projetos apresentarem algumas propostas que parecem ser idênticas ou próximas, há diferenciação em relação aos interesses que cada um defende. No momento em que a PL n. 4.702/2012 sofre adequações para se ajustar às sugestões das cuidadoras e de suas associações, na defesa do termo cuidadora social, é permitido que outras demandas — não apenas de idosos — passem a ser incluídas, proporcionando maior flexibilidade para a participação desses profissionais nas múltiplas áreas e políticas. Já no projeto da deputada

Cristiane Brasil, as especializações impedem de antemão qualquer flexibilidade por parte da cuidadora.

Defendemos que deve ser proposta uma formação generalista, compreendendo que o cuidado pertence às necessidades de todo ser humano e que há particularidades no momento da abordagem e do processo de intervenção, dependendo do público, mas as atribuições e competências são as mesmas para todas, independente do campo de atuação. A fragmentação por especializações também impede o avanço da organização profissional, uma vez que já existe uma série de dificuldades para fazê-los se reconhecer como uma categoria.

Diante de um campo de múltiplos interesses e conflitos, foi fundada, em 28 de agosto de 2012, no Rio de Janeiro, a Associação dos Cuidadores da Pessoa Idosa, da Saúde Mental e com Deficiência do Estado do Rio de Janeiro (ACIERJ), a fim de reunir trabalhadoras que tivessem o intuito de lutarem pela regulamentação da profissão. A ACIERJ é a instituição que vem acompanhando no município e no Estado os percursos dos projetos de lei que estão em andamento e estimulando a mobilização da classe, apesar da pouca adesão e participação da categoria (Groisman, 2015).

A ACIERJ vem participando ativamente das audiências que tratam dos projetos de lei e também do Grupo de Trabalho que propõe modificações neles. Destacamos que, nesses espaços, há disputas que dizem respeito às atribuições, aos requisitos e à formação dos sujeitos que devem realizar o trabalho de *care*, uma vez que a enfermagem considera a prática do *care* restrito à sua prática profissional. Para Aguiar (2013), é imprescindível que a enfermagem delimite e pontue as suas atribuições e competências, a fim de que outras ocupações não aproveitem as suas lacunas e assumam suas respectivas funções.

> No que se refere a esse novo trabalhador no campo da saúde, sua denominação apresenta-se muito próxima à essência do exercício profissional da enfermagem. Dito de outra maneira, o cuidado, o que poderia em virtude da enfermagem possuir uma norma regulamentadora com pontos, ainda não bem esclarecidos, apresenta dificuldade de se estabelecer

no que tange às práticas do exercício profissional da enfermagem. Ponto político que a profissão necessita ampliar a discussão em clarear para os órgãos competentes: Quem somos? O que fazemos na prática profissional? A resposta pode ser possíveis assertivas claras e objetivas para o entendimento legal, pois para quem pensa que isto se encontra dado, cabe pensar o motivo do surgimento dos trabalhadores, conhecidos como cuidadores, e os motivos pelos quais encontram apoio para tentarem se estabelecer no campo da saúde (Aguiar *et al.*, 2013, p. 160).

Essa polêmica que envolve a enfermagem e as cuidadoras têm contribuído imensamente para que a regulamentação dessa ocupação seja cada vez mais adiada. Uma das questões que sustentam essa disputa está relacionada aos impactos no mercado de trabalho, já que, em muitos casos, os técnicos de enfermagem estão ocupando espaços de trabalho que demandam cuidadoras e a formação em enfermagem não é exigência. A contratação do profissional de enfermagem para o trabalho de *care* nos domicílios aumenta os gastos das famílias, o que também faz com que as cuidadoras ganhem maior visibilidade e oportunidades.

Essa questão apresenta uma série de implicações não só na busca pela regulamentação da ocupação, mas também no próprio processo de trabalho, uma vez que a atuação da cuidadora é diferente da função do técnico de enfermagem. Segundo o Guia Prático do Cuidador, editado pelo Ministério da Saúde, as atividades das cuidadoras devem ser planejadas junto aos profissionais de saúde e os familiares.

> Nesse planejamento deve ficar claro para todas as atividades o que o cuidador pode e deve desempenhar. É bom escrever as rotinas e quem se responsabiliza pelas tarefas. É importante que a equipe deixe claro ao cuidador que procedimentos ele não pode e não deve fazer, quando chamar os profissionais de saúde, como reconhecer sinais e sintomas de perigo. As ações serão planejadas e executadas de acordo com as necessidades da pessoa a ser cuidada e dos conhecimentos e disponibilidade do cuidador. A parceria entre os profissionais e os cuidadores deverá possibilitar a sistematização das tarefas a serem realizadas no próprio

domicílio, privilegiando-se aquelas relacionadas à promoção da saúde, à prevenção de incapacidades e à manutenção da capacidade funcional da pessoa cuidada e do seu cuidador, evitando-se, assim, na medida do possível, hospitalização, asilamentos e outras formas de segregação e isolamento (Ministério da Saúde, 2008, p. 10).

Além disso, o próprio Guia afirma que as cuidadoras não devem executar "procedimentos técnicos que sejam de competência dos profissionais de saúde, tais como: aplicações de injeção no músculo ou na veia, curativos complexos, instalação de soro e colocação de sondas etc." (Ministério da Saúde, 2008, p. 10). No caso da Reforma Psiquiátrica Brasileira, essa descentralização do *care* ser exclusivo da enfermagem ocorre em todos os dispositivos de atenção psicossocial, o que permite a distribuição do cuidado em saúde mental, da responsabilidade do seu gerenciamento e convoca novos atores para o efetuarem.

O cuidado em saúde mental se torna, sob a égide da RPB, o objeto dos trabalhadores da saúde mental, e deixa de ser objeto exclusivo da Enfermagem, na medida em que houve um deslocar e uma construção de objeto no próprio campo da saúde mental, pendulando entre a piedade e o autoritarismo (Duarte, 2009).

Por fim, ressaltamos que o Guia Prático também assinala que "o ato de cuidar não caracteriza o cuidador como um profissional de saúde" (Ministério da Saúde, 2008, p. 10). Tal afirmativa desloca esse profissional do campo da saúde e da saúde mental, permitindo que elevemos esse cuidado à condição de necessidade ontológica dos sujeitos, não reduzindo essa prática às especializações dos campos, mas elevando as necessidades do humano genérico.

# Considerações Finais

*Cuidar é um ato de carinho, sensibilidade e responsabilidade. Cabe a nós cuidadores encarar esse ato como uma missão, o que nem sempre é fácil mediante a realidade do nosso dia a dia. (ACIERJ)*

No dia 17 de junho de 2016 foi realizado, na cidade do Rio de Janeiro, o V Encontro de Cuidadores do Estado do Rio de Janeiro e o I Encontro Nacional de Associações de Cuidadores organizado pela ACIERJ, tendo sido os eventos que deram origem à epígrafe dessas considerações finais. É importante assinalar que a temática do cuidado é uma preocupação para os trabalhadores que o executam, mas ao mesmo tempo não está claro para essa categoria as configurações que permitem desvendar a origem e a matéria-prima do seu trabalho. Isso ocorre porque o trabalho das cuidadoras não é reconhecido como trabalho e profissão.

A partir da identificação de questões que envolvem o trabalho do *care*, é possível afirmar que esta obra traz contribuições iniciais para pensar o cuidado feminino como trabalho e sua profissionalização, em especial no contexto da Reforma Psiquiátrica Brasileira. Buscamos apresentar as transformações ocorridas no mundo do trabalho a partir da reestruturação produtiva, relacionando-as com a inserção das mulheres no mercado de trabalho e os impactos na esfera reprodutiva, sendo que, em consequência desses fatores, foi necessário identificar as novas configurações das opressões de gênero e sua relação com a mundialização do *care*. Além disso, tivemos a pretensão de desocultar e dar visibilidade às trabalhadoras do *care* que atuam na efetivação da Reforma Psiquiátrica Brasileira, através da identificação do perfil das cuidadoras dos serviços residenciais terapêuticos do município do Rio de Janeiro. Por fim, examinamos a não profissionalização do cuidado feminino na política de saúde mental brasileira questionando as suas justificativas.

Para analisar o cuidado feminino como trabalho, em destaque, na política de saúde mental brasileira, foi necessário compreender o cuidado como necessidade ontológica do ser social e a sua particularidade no cenário contemporâneo, expressa pelo *care*. As pesquisadoras feministas internacionais e nacionais do campo da Sociologia retratam o *care* descrevendo-o como ação do cuidado, ou seja, como trabalho do cuidado exercido por mulheres.

Aqui, apesar da referência teórica do *care* centrar-se em Hirata e Kergoat, identificamos que tais pesquisadoras não se preocupam em localizar o cuidado no processo sócio-histórico das relações sociais e sua relação com a categoria trabalho, a partir da ontologia do ser social. Entretanto, retratam o cuidado feminino como trabalho, a partir da divisão sexual do trabalho no cenário contemporâneo, originado pela mercantilização do bem-estar. Nesse sentido, uma das contribuições deste estudo foi construir elementos analíticos, pautados no materialismo dialético, a fim de identificar o cuidado como uma das necessidades ontológicas do ser social e reconhecer o *care* como trabalho na cena contemporânea.

Engels, em seu livro *A origem da família, da propriedade privada e do Estado*, trata da família e sua composição em diferentes períodos históricos; porém, o autor destaca a organização coletiva dos indivíduos para buscar a própria sobrevivência e reprodução. As relações desenvolveram-se e constituíram uma série de regras e costumes que as permeiam, delimitam e restringem, mas que, ao mesmo tempo, demonstram a transição da animalidade para a humanidade (Engels, [s.d.]).

Foi ao longo do processo de desenvolvimento do trabalho e das relações sociais que o cuidado foi designado como função e atribuição feminina, realizado na esfera reprodutiva e pautado nas diferenças sexuais entre os sujeitos. Engels ([s.d.]) mostra-nos que, no desenvolvimento da família pré-monogâmica e monogâmica, as mulheres eram vistas de forma subalterna e invisível. A monogamia — que sempre foi imposta para as mulheres e não para os homens — permitiu e ainda permite a submissão de um sexo pelo outro.

De acordo com o Engels ([s.d.]), é necessário assinalar que "a primeira oposição de classes que apareceu na história coincide com o desenvolvimento do antagonismo entre o homem e a mulher, a monogamia e que a primeira opressão de classe coincide com a opressão do sexo feminino pelo masculino". Portanto, a monogamia, a escravidão e a apropriação privada caminham juntas, comprovando que o bem-estar de uns ocorre através da opressão e exploração de outros (Engels, [s.d.], p. 75-76).

Nesse sentido, podemos dizer que o cuidado perdeu o seu "lugar" de necessidade ontológica e foi reduzido à atribuição e essência feminina, ou seja, o cuidado feminino, sendo viabilizado independente da classe e da raça — apesar das diferenças em suas condições. Portanto, todas as mulheres devem viabilizá-lo sendo escravas ou livres, trabalhadoras ou burguesas.

Destacamos que, devido à inferiorização da condição de ser mulher, tudo o que lhe é designado como função e atribuição é visto e localizado de forma subalterna e sem prestígio. Ao mesmo tempo, as forças religiosas possuem um papel fundamental para fortalecer e perpetuar a imagem do cuidado feminino através da idealização do "mito do amor materno" (Badinter, 1985) expresso, principalmente, pela santificação de mulheres que foram colocadas como exemplo de maternagem, cuidado feminino e amor.

Retomando a epígrafe, quando o cuidado é identificado pela própria ACIERJ como um ato de carinho, sensibilidade, responsabilidade e missão, podemos afirmar que ainda está vinculado à santificação e idealização do ser mulher, demonstrando que as próprias trabalhadoras não conseguem desvincular o seu trabalho desse papel social. Ao problematizarmos a profissionalização do cuidado feminino no cenário contemporâneo foi necessário retomarmos elementos que localizam a matéria-prima dessa ocupação e de que forma ela está imbricada na esfera reprodutiva.

Para Jules Falquet (2016), há um inimigo comum no que diz respeito à organização dos trabalhos e tarefas realizadas pelas mulheres: "as coerções materiais e ideológicas que forçam as mulheres a entrar na troca econômico-sexual e nas relações de sexagem, isto é, nas relações de apropriação individual e coletiva" (Falquet, 2016, p. 45). Logo, é preciso compreender as interfaces dessas apropriações do trabalho executado pelas mulheres e aqui destacamos o cuidado feminino.

Para a autora, ocorre uma diferenciação dessas apropriações quando se trata de raça e classe. As mulheres menos privilegiadas em relação à raça e classe permanecem transitando entre a apropriação individual e coletiva, "embora sejam frequentemente empurradas na direção da apropriação coletiva pelo sistema jurídico e pelas necessidades de mão de obra das outras categorias sociais" (Falquet, 2016, p. 45). Já em relação às mulheres consideradas mais "privilegiadas e/ou combativas e organizadas podem ter esperança de escapar da apropriação individual pela entrada nas relações assalariadas" (Falquet, 2016, p. 45).

Ao tratarmos das diferenças de classe e raça entre as mulheres, ou seja, localizarmos a divisão sócio-étnica-racial, podemos retomar o debate da execução do cuidado feminino na cena contemporânea, uma vez que a bipolarização do trabalho feminino é um traço marcante quando tratamos do *care* no cenário internacional e nacional. As desigualdades e opressões que permeiam esse trabalho vinculam-se, no caso do Brasil, ao pensamento patriarcal, escravocrata e colonialista.

De acordo com os dados do IBGE (2008, 2010, 2014) — apresentados no capítulo 2 — é possível demonstrar que as trabalhadoras domésticas[1] são majoritariamente negras e das camadas desfavorecidas. Em pesquisa realizada pela Universidade Federal do Rio de Janeiro e noticiada pelo jornal *O Dia* em 2014[2], o pesquisador e economista Marcelo Paixão apontou que, no país, a cada cinco mulheres negras no mercado de trabalho, uma trabalha como empregada doméstica, o que significa que são 20%[3]. Para o pesquisador, esse é um percentual relevante, porque "é mais ou menos o percentual coletado no Censo de 1872, antes da Lei Áurea: 25% das escravas trabalhavam como domésticas" (Paixão, 2014)[4].

Neste caminho, esta obra possibilitou afirmar que o cuidado feminino, quando é transformado em mercadoria, apresenta de forma significativa divisão sociossexual e racial. Vale destacar que se adentrarmos no debate das identidades de gênero e questionarmos quais mulheres ocupam esse trabalho, confirmaremos que são as mulheres cisgênero[5] que estão exercendo o *care*. Tal questão precisa ser apontada aqui, devido à relevância e dupla invisibilidade que as mulheres travestis, transexuais e transgêneros[6] sofrem devido à transfobia e

---

1. É preciso esclarecer que para o Ministério do Trabalho, a ocupação de cuidador pertence ao ramo dos trabalhadores domésticos e por isso não temos um quantitativo e perfil específico desta ocupação, vinculado a um passado recente do nosso país e que apenas reatualiza suas formas de exploração e desigualdade.

2. Disponível em: http://odia.ig.com.br/noticia/riosemfronteiras/2014-11-23/brancos--tem-renda-853-maior-que-a-dos-negros.html. Acesso em:

3. A pesquisa realizada pelo economista Marcelo Paixão foi baseada nos dados extraídos do IBGE.

4. Disponível em: http://odia.ig.com.br/noticia/riosemfronteiras/2014-11-23/brancos--tem-renda-853-maior-que-a-dos-negros.html. Acesso em:

5. Cisgênero são aquelas pessoas que se identificam com o gênero que lhes foi determinando no momento do nascimento.

6. De acordo com Jesus (2012, p. 14-16) Travesti é a "pessoa que vivencia papéis de gênero feminino, mas não se reconhece como homem ou mulher, entendendo-se como integrante de um terceiro gênero ou de um não gênero. Referir-se a ela sempre no feminino, o artigo 'a' é a forma respeitosa de tratamento"; Transexual é o "termo genérico que caracteriza a pessoa que não se identifica com o gênero que lhe foi atribuído quando de seu nascimento" e "Transgênero

ao machismo. Ressaltamos que há homens e mulheres — incluindo feministas — que não reconhecem essas pessoas como mulheres, o que acaba não as "autorizando" a ocuparem as funções, atividades e profissões destinadas às mulheres cisgênero. É uma questão que deve e merece ser retomada em estudos futuros a fim de contribuir para outros debates que permeiam a categoria gênero e as diferentes expressões de desigualdade e hierarquização.

Uma outra questão de extrema importância, que precisa ter continuidade analítica, pois é base para fundamentar e justificar a profissionalização do cuidado feminino, é a necessidade de identificar o *care* como uma especialização do trabalho coletivo inserido na divisão social e técnica do trabalho. Ao longo desta obra, não abordamos essa questão, por compreender que, primeiro, há a necessidade de apresentar uma diferenciação do cuidado, do cuidado feminino e do *care*, a partir do materialismo dialético, de tornar públicas as desigualdades e opressões existentes no provimento e viabilização do cuidado feminino em relação à classe, gênero e raça/etnia e também descortinar as configurações atuais da divisão sociossexual e racial do trabalho que fazem emergir a mercantilização do *care*. Tudo isso nos possibilita continuarmos construindo os elementos teóricos e filosóficos que sustentam o *care* como trabalho.

Além disso, podemos afirmar que o exercício profissional do trabalho de *care* está inserido na vida cotidiana dos sujeitos, podendo ser executado nos domicílios, em instituições de longa permanência, nas escolas, nas residências terapêuticas, nas unidades de acolhimento e demais instituições. Diferente da enfermagem, que se institucionalizou e profissionalizou no ambiente hospitalar (Melo, 1986)[7], as trabalhado-

---

é o grupo diversificado de pessoas que não se identificam, em graus diferentes, com comportamentos e/ou papéis esperados do gênero que lhes foi determinado quando de seu nascimento".

7. "A adequação da prática da enfermagem enquanto profissão se dá inclusive na medida em que ela transforma sua própria relação com os demais agentes sociais, ou seja, na medida em que ela se separa dos leigos e religiosos despreparados da enfermagem e adquire um certo *status* técnico. Por outro lado, a prática da enfermagem se separa da prática médica, assumindo

ras do *care* ou cuidadoras podem ser inseridas em diversas instituições e espaços que busquem o bem-estar diário dos indivíduos. Portanto, é importante frisar que, no caso brasileiro, o crescimento dessa categoria ocorre na contramão do processo de institucionalização, tendo como pilar os novos arranjos de suporte públicos que viabilizem o *care* no território e na comunidade.

Quando sinalizamos que a proposta é viabilizar o *care*, através do suporte público, afirmamos a necessidade de políticas públicas que sejam voltadas para as múltiplas necessidades sociais dos indivíduos. No capítulo 3 foi possível demonstrar a participação das cuidadoras nos serviços residenciais terapêuticos — nesse caso, inseridas na política de saúde mental, álcool e outras drogas — e sua importância no processo de desinstitucionalização das pessoas em sofrimento psíquico.

Além disso, destacamos que existem sujeitos em sofrimento psíquico grave que nunca foram institucionalizados, mas demandam esse tipo de suporte, principalmente devido aos novos arranjos familiares e à participação massiva das mulheres no mercado de trabalho. A inserção dessas trabalhadoras libera os familiares da execução direta do cuidado feminino e por isso deve ser disponibilizada e viabilizada pelas políticas públicas para todos aqueles sujeitos que necessitam desse suporte.

Na atualidade, as desigualdades de classes permitem que somente aqueles que podem pagar pelo trabalho de *care* particular tenham acesso a esse tipo de suporte domiciliar. O processo de incorporação dessas profissionais por parte do poder público infelizmente não tem chegado para aqueles que mais necessitam e acaba restrito apenas aos casos mais graves e específicos vinculados a determinadas instituições.

Nesse caminho, compreendemos que o *care* possui, como matéria-prima, o cuidado, e que pode ser considerado a sua base e fundação sócio-histórica. Em relação ao exercício profissional, o mesmo

---

as funções técnicas manuais até então referentes ao trabalho médico, possibilitando desta forma a completa transformação do hospital numa instituição voltada para o enfermo e para a sua cura" (Melo, 1986, p. 42).

deve ser reconhecido como trabalho e que está inscrito em processos de trabalho. Destacamos que para tratar desses elementos, a análise não pode estar descolada da conjuntura macroestrutural nem dos desvendamentos das particularidades dos países e das instituições no que diz respeito ao exercício, aos processos de trabalho e às suas condições. Além disso, os sujeitos possuem relativa autonomia para gerir os instrumentos de trabalho e viabilizar suas ações, apesar de o empregador determinar os meios e os recursos para a sua realização e organizar o processo de trabalho no qual está inserido.

Conforme sinalizado no capítulo 2, o trabalho de *care* é expresso sob a forma de serviços, em especial, a partir da mercantilização de todas as esferas da vida. O seu produto diz respeito à reprodução e continuidade da vida e à viabilização do bem-estar dos indivíduos sociais. A relação entre o trabalhador e o usuário do serviço acontece no estabelecimento de contratos, principalmente no que diz respeito ao modo como ocorrerá a intervenção direta sobre o corpo, a vida e o cotidiano, mesmo que o indivíduo que recebe diretamente o cuidado não seja o empregador. Tudo isso depende da autonomia do sujeito que demanda o cuidado.

Uma de suas particularidades são as funções que sempre foram executadas pelas mulheres de forma gratuita e servil nas famílias. Nesse caso, o *care* direciona-se para o cuidado direto com os sujeitos, a fim de que suas necessidades ontológicas sejam supridas e proporcione o bem-estar. Nas ações, podem ocorrer intervenções diretas sobre o corpo, através do banho, da higiene, da alimentação e demais necessidades. Ao lidar diretamente com o sujeito, a trabalhadora do *care* influencia o indivíduo, por meio da transmissão de valores e costumes, possibilitando, não só a reprodução social, mas também a manutenção da força de trabalho, como é o caso do *care* voltado para as crianças. Portanto, é possível através desse trabalho reproduzir valores conservadores que garantem a manutenção do capitalismo ou valores que possibilitem a sua superação.

Esse debate da divisão social e técnica do trabalho precisa ser melhor desenvolvido e aprofundado a fim de que fique clara a função dessa trabalhadora, da matéria-prima, de seus meios, instrumentos e processos de trabalho. Mesmo sendo considerado um trabalho que qualquer indivíduo pode executar — uma vez que é identificada como atribuição feminina — já confirmamos que existe uma demanda nacional e internacional pela sua existência, afirmando e legitimando-a como uma especialização necessária na divisão social e técnica do trabalho.

Apesar de ter encontrado respostas para as indagações iniciais que suscitaram a pesquisa de doutoramento, podemos afirmar que novos questionamentos foram despertados ao longo do caminho. O estudo possibilitou desvendar que o cuidado está vinculado às necessidades do humano genérico, ou seja, todos os indivíduos necessitam dele, para sobreviver e reproduzir. A contribuição marxista possibilitou ir além do intuito de expor as desigualdades e opressões existentes e apresentar as novas configurações do cuidado feminino; logo, tornou-se possível afirmar que outras formas de viabilizar o cuidado só serão possíveis em uma outra sociedade. Logo, que possamos lutar por uma outra sociedade que seja sem manicômios e cuidadora!

# Bibliografia

AGUIAR, Simone *et al.* Contribuições Legais para a Distinção da Profissão Enfermagem para os Cuidadores. *Revista de Enfermagem UFPE On line*, Recife, 7, p. 153-61, jan. 2013.

ALBARRACÍN, Jesús. O trabalho doméstico e a lei do valor. In: FARIA, Nalu; NOBREM, Miriam (Orgs.). O Trabalho das Mulheres. *Cadernos Sempreviva*, SOF, São Paulo, 1999.

ALVES, Ana Elizabeth Santos. Divisão sexual do trabalho: a separação da produção do espaço reprodutivo da família. *Revista Trabalho, Educação e Saúde*, Rio de Janeiro, v. 11, n. 2, p. 271-289, maio/ago. 2013.

ALVES, Domingos Sávio. Por um Programa Brasileiro de Apoio à Desospitalização. In: PITTA, Ana (Org.). *Reabilitação Psicossocial no Brasil*. São Paulo: Hucitec, 1996.

_____. Integralidade nas políticas de saúde mental. In: PINHEIRO, Roseni; MATTOS, Rubens (Orgs.). *Os sentidos da integralidade na atenção e no cuidado à saúde*. Rio de Janeiro: ABRASCO, 2001.

_____. Prefácio. In: Escola Politécnica de Saúde Joaquim Venâncio (Org.). *Textos de apoio em saúde mental*. Rio de Janeiro: FIOCRUZ, 2003. Série trabalho e formação em saúde.

ALVES, Domingos Sávio; GULJOR, Ana Paula. O Cuidado em Saúde Mental. In: PINHEIRO, Roseni; MATTOS, Rubens (Orgs.). *Cuidado: as fronteiras da integralidade*. Rio de Janeiro: Hucitec/ABRASCO, 2004.

ALVES, Giovanni. Trabalho e Reestruturação produtiva no Brasil Neoliberal — Precarização do trabalho e redundância salarial. *Revista Katálysis*, Florianópolis, v. 12, n. 12, p. 188-197, jul./dez. 2009.

AMARANTE, Paulo. Asilos, alienados e alienistas: pequena história da psiquiatria no Brasil. In: _____. (Org.). *Psiquiatria Social e Reforma Psiquiátrica*. Rio de Janeiro: FIOCRUZ, 1994.

_____. *Loucos pela vida*: a trajetória da Reforma Psiquiátrica no Brasil. Rio de Janeiro: FIOCRUZ, 1995.

_____; GULJOR, Ana Paula. Reforma Psiquiátrica e Desinstitucionalização: a (Re)construção da demanda no corpo social. In: PINHEIRO, Roseni; MATTOS, Rubens (Orgs.). *Construção Social da Demanda: direito à saúde; trabalho em equipe e participação e espaços públicos*. Rio de Janeiro: Ed: IMS/UERJ — CEPESC — ABRASCO, 2005.

_____. (Coord.). *Archivos de Saúde mental e Atenção Psicossocial 2*. Rio de Janeiro: NAU, 2005. Coleção Archivos.

_____. *Saúde Mental e Atenção Psicossocial*. Rio de Janeiro: Editora FIOCRUZ, 2007.

AMORIM, Ana Karenina de Melo Arraes; DIMENSTEIN, Magda. Desinstitucionalização em saúde mental e práticas de cuidado no contexto do serviço residencial terapêutico. *Revista Ciência & Saúde Coletiva*, Rio de Janeiro, v. 14, n. 1, p. 195-204, jan./fev. 2009.

ANDERSON, Perry. Balanço do Neoliberalismo. In: SADER, Emir; GENTILI, Pablo (Orgs.). *Pós-neoliberalismo:* as políticas sociais e o Estado democrático. Rio de Janeiro: Paz e Terra, 1995.

ANDREAZZI, Maria de Fátima Siliansky; BRAVO, Maria Inês Souza. Privatização da Gestão e Organizações Sociais na Atenção à Saúde. *Revista Trabalho, Educação e Saúde*, Rio de Janeiro, v. 12, n. 3, p. 499-518, set./dez. 2014.

ANTUNES, Ricardo. Os Caminhos da Liofilização Organizacional: as formas diferenciadas da reestruturação produtiva no Brasil. *Revista Idéias*, Campinas, 2002-2003.

_____. A nova morfologia do trabalho e o desenho multifacetado das ações coletivas. In: SANTANA, Marco Aurélio; RAMALHO, José Ricardo (Orgs.). *Além da Fábrica: trabalhadores, sindicatos e a nova questão social*. São Paulo: Boitempo, 2003.

_____. (Org.). *A dialética do trabalho*: escritos de Marx e Engels. São Paulo: Expressão Popular, 2004.

_____; ALVES, Giovanni. As mutações no mundo do trabalho na era da mundialização do capital. *Revista Educ. Soc.*, Campinas, v. 25, n. 87, p. 335-351, maio/ago. 2004.

_____. Desenhando a nova morfologia do trabalho: as múltiplas formas de degradação do trabalho. *Revista Crítica de Ciências Sociais*, Coimbra, p. 19-34, dez. 2008.

_____. *Adeus ao Trabalho?* Ensaio sobre as metamorfoses e a centralidade do mundo do trabalho. 13. ed. São Paulo: Cortez, 2008b.

_____; POCHMANN, Marcio. Dimensões do desemprego e da pobreza no Brasil. *Revista InterfacEHS*, v. 3, n. 2, abr./ago. 2008.

_____. O trabalho, sua nova morfologia e a Era da Precarização Estrutural. *Revista Theomai*, Argentina, Buenos Aires, n. 19, 2009.

_____. *Riqueza e miséria do trabalho no Brasil*. São Paulo: Boitempo, 2009.

_____. Anotações sobre o capitalismo recente e a reestruturação produtiva. In: ANTUNES, Ricardo; SILVA, Maria Aparecida (Orgs.). *O avesso do trabalho*. São Paulo: Expressão Popular, 2010.

_____. *Adeus ao Trabalho?* Ensaio sobre as metamorfoses e a centralidade do mundo do trabalho. 15. ed. São Paulo: Cortez, 2011.

_____. A nova morfologia do trabalho do Brasil: reestruturação e precariedade. *La Revista Nueva Sociedad*, Buenos Aires: Argentina, junho, 2012.

ANTUNES, Ricardo. *Os sentidos do trabalho*. Ensaio sobre a afirmação e a negação do trabalho. Coimbra: Editora Almedina, 2013. Série Trabalho e Sociedade, CES.

_____. Perenidade (e superfluidade) do trabalho: alguns equívocos sobre a desconstrução do trabalho. In: SILVA, José Fernando Siqueira; SANT'ANA, Raquel; LOURENÇO, Edvania (Orgs.). *Sociabilidade burguesa e Serviço Social*. Rio de Janeiro: Lumen Juris, 2013. Coletânea Nova de Serviço Social.

ARANGO, Luz Gabriela. Cuidado, emoções e condições de trabalho nos serviços estéticos no Brasil. In: ABREU, Alice Rangel de Paiva; HIRATA, Helena; LOMBARDI, Maria Rosa. *Gênero e trabalho no Brasil e na França:* perspectivas interseccionais. São Paulo: Editora Boitempo, 2016.

ARRAES, Ana Karenina de Melo; DIMENSTEIN, Magda; FREIRE, Flávia Helena. Os serviços residenciais terapêuticos e os principais desafios ao processo de desinstitucionalização. In: DIAS, Marcelo Kimati. *Dispositivos de atenção em saúde mental e seus desafios* — os impasses na consolidação de uma atenção em saúde. Natal: EDUNP, 2013.

ASSUNÇÃO, Diana (Org.). *A precarização tem rosto de mulher:* a luta das trabalhadoras e trabalhadores terceirizados da USP. 2. ed. São Paulo: Edições Iskra, 2013.

AYRES, José Ricardo. *Cuidado:* trabalho e interação nas práticas de saúde. Rio de Janeiro: CEPESC — IMS/UERJ — ABRASCO, 2011. Coleção clássicos para integralidade em saúde.

ÀVILA, Maria Betânia de Melo. *O tempo do trabalho das empregadas domésticas:* tensões entre dominação/exploração e resistência. Recife: Editora Universitária, UFPE, 2009.

_____. O tempo do trabalho produtivo e reprodutivo na vida cotidiana. *Revista ABET,* João Pessoa, v. 9, n. 2, 2010.

BADINTER, Elisabeth. *Um amor conquistado:* o mito do amor materno. 3. ed. Rio de Janeiro: Nova Fronteira, 1985.

BALLARIN, Maria Luisa Gazabim Simões; CARVALHO, Fábio Bruno de; FERIGATO, Sabrina Helena. Os diferentes sentidos do cuidado: considerações sobre a atenção em saúde mental. *Revista O Mundo da Saúde*, São Paulo, 2009.

BARBOSA, Ana Pimentel. *Quem é o cuidador social e qual é o seu papel?* Rio de Janeiro: E-papers, 2012.

BARROCO, Maria Lucia. Lukács e a crítica do irracionalismo: elementos para uma reflexão sobre a barbárie contemporânea. In: ROIO, Marcos Del (Org.). *György Lukács e a emancipação humana*. São Paulo: Boitempo, FAPESP, 2013.

BARROS, Regina Benevides; JOSEPHSON, Silvia. Lares Abrigados: dispositivos clínico-políticos no impasse da relação com a cidade. *Revista Saúde em Debate*, Rio de Janeiro, v. 25, n. 58, p. 57-69, maio/ago. 2001.

BASAGLIA, Franco. *Escritos selecionados em saúde mental e reforma psiquiátrica*. Rio de Janeiro: Garamond, 2005.

BORIS, Eileen. Produção e reprodução, casa e trabalho. *Tempo Social, Revista de Sociologia da USP*, Universidade de São Paulo, São Paulo, v. 26, n. 1, nov. 2014.

BRASIL. Presidência da República. *Portaria GM n. 106/2000* — Cria os serviços residenciais terapêuticos, moradias ou casas inseridas na comunidade destinadas a cuidar dos portadores de transtornos mentais, egressos de internações psiquiátricas de longa permanência.

_____. Presidência da República. *Portaria GM n. 1.220/2000* — Cria nas tabelas de serviços e de classificação de serviços SAI/SUS os serviços residenciais terapêuticos.

_____. Presidência da República. *Lei n. 10216/2001* — Dispõe sobre a proteção e os direitos das pessoas portadoras de transtornos mentais e redireciona o modelo assistencial em saúde mental.

_____. Presidência da República. *Portaria GM n. 336/2002* — Estabelece os CAPS enquanto modalidades de serviços ao atendimento das pessoas portadoras de transtorno mental.

BRASIL. Presidência da República. *Lei n. 10.708/ 2003* — Institui o auxílio-reabilitação psicossocial para pacientes acometidos de transtornos mentais egressos de internações.

_____. Ministério da Educação. Ministério da Saúde. *Referencial Curricular para o Curso Técnico de Agente Comunitário de Saúde.* Brasília: Ministério da Saúde, 2004.

_____. Ministério da Saúde. Secretaria de Gestão e Trabalho e da Educação em Saúde. *Guia Prático do Cuidador.* Brasília: Ministério da Saúde, 2008.

BRAVO, Maria Inês (Org.). *A mercantilização da saúde em debate*: as organizações do Rio de Janeiro. Rio de Janeiro: UERJ, Rede Sírius, 2015.

_____; MENEZES, Juliana Souza Bravo de. A saúde nos governos Lula e Dilma: algumas reflexões. In: BRAVO, Maria Inês; MENEZES, Juliana Souza Bravo de (Orgs.). *Saúde na atualidade:* por um sistema único de saúde estatal, universal, gratuito e de qualidade. Rio de Janeiro: UERJ, Rede Sirius, Adufrj, 2011, p. 15-28.

BRUSCHINI, Maria Cristina Aranha. Trabalho doméstico: inatividade econômica ou trabalho não-remunerado? *Revista Brasileira Est. Pop.,* São Paulo, v. 23, n. 2, p. 331-353, jul./dez. 2006.

_____. Trabalho e gênero no Brasil nos últimos dez anos. *Cadernos de Pesquisa,* São Paulo, v. 37, n. 132, p. 537-572, set./dez. 2007.

CAILLÉ, Alain. Dádiva, *care* e saúde. *Revista Sociologias,* Porto Alegre, ano 16, n. 36, p. 42-49, maio/ago., 2014.

Câmara dos Deputados — 55ª Legislatura. Brasil. Comissão de Seguridade Social e Família. *Projeto de Lei n. 4.702, de 2012.* Dispõe sobre o exercício da profissão de cuidador de pessoa idosa e dá outras providências.

CAMPOS, Luciana Rosa. Políticas Sociais: uma questão de gênero? In: Jornada Internacional de Políticas Públicas — Estado, Desenvolvimento e Crise do Capital, 5, 2011, São Luís. *Anais...* São Luís, 2011.

CAMPOS, Marta Silva; TEIXEIRA, Solange Maria. Gênero, família e proteção social: as desigualdades fomentadas pela política social. *Revista Katálysis*, Florianópolis, v. 13, n. 1, p. 20-28, jan./jun. 2010.

CARRASCO, Cristina; BORDERÍAS, Cristina; TORNS, Teresa (Orgs.). *El Trabajo de Cuidados:* historia, teoria y políticas. Madrid: Catarata, 2011.

_____. El cuidado como bien relacional: hacia posibles indicadores. *Revista PAPELES de relaciones e ecosociales y cambio global,* Madrid, n. 128, p. 49-60, 2014/15.

CATTANÉO, Nathalie; HIRATA, Helena. Flexibilidade. In: HIRATA, Helena. *Dicionário Crítico do Feminismo*. São Paulo: UNESP, 2009.

CECILIO, Luiz Carlos de Oliveira; CARAPINHEIRO, Graça; ANDREAZZA, Rosemarie (Orgs.). *Os mapas do cuidado:* o agir leigo na saúde. São Paulo: Hucitec, 2014.

COSTA, Jurandir Freire. *História da psiquiatria no Brasil:* um corte ideológico. 5. ed. Rio de Janeiro: Garamound Universitária, 2007.

COSTA-ROSA, Abílio. Ética e Clínica na Atenção Psicossocial: contribuições da psicanálise de Freud e Lacan. *Revista Saúde e Sociedade,* São Paulo, v. 20, p. 743-757, 2011.

COTTA, Rosângela Minardi Mitre *et al. Políticas de saúde:* desenhos, modelos e paradigmas. Viçosa: UFV, ABRASCO, 2013.

CUNHA, Maria Clementina. Loucura, Gênero Feminino: as mulheres do Juquery na São Paulo do início do século XX. In: BRESCIANI, Maria Stella Martins (Org.). A Mulher e o Espaço público. *Revista Brasileira de História,* n. 18, v. 9, ago./set., 1989.

DEBERT, Guita Grin; OLIVEIRA, Amanda Marques de. A profissionalização da atividade de cuidar de idosos no Brasil. *Revista Brasileira de Ciência Política,* Brasília, n. 18, p. 4-41, set./dez. 2015.

DELGADO, Pedro Gabriel. *As razões da tutela, psiquiatria, justiça e cidadania do louco no Brasil.* Rio de Janeiro: Te Corá Editora, 1992.

DELGADO, Pedro Gabriel. Instituir a Desinstitucionalização: o papel das residências terapêuticas na Reforma Brasileira. *Cadernos do IPUB:* Desinstitucionalização. A experiência dos Serviços Residenciais Terapêuticos. Instituto de Psiquiatria/UFRJ, Rio de Janeiro, v. 12, n. 22, nov./dez. 2006.

_____. Supervisão clínico-institucional: conceito & história. In: FILHO, Augusto Nunes (Org.). *Supervisão em Saúde Mental*. Escola de Saúde Pública do Estado de Minas Gerais. Belo Horizonte, 2013.

DESVIAT, Manuel. *A Reforma Psiquiátrica*. Rio de Janeiro: FIOCRUZ, 1999.

DEVREUX, Anne-Marie. A teoria das relações sociais de sexo: um quadro de análise sobre a dominação masculina. *Revista Sociedade e Estado*, Brasília, v. 20, n. 3, p. 561-584, set./dez. 2005.

DIEESE. Departamento Intersindical de Estatística e Estudos Socioeconômicos. O emprego doméstico no Brasil. *Estudos e Pesquisas,* São Paulo, n. 68, ago. 2013.

DUARTE, Yeda Aparecida de Oliveira. O cuidador no cenário assistencial. *Revista O Mundo da Saúde*, São Paulo, jan./mar. 2006.

DUARTE, Marco José de Oliveira. Por uma Cartografia do Cuidado em Saúde Mental: repensando a micropolítica do processo de trabalho do cuidar em instituições. In: MOTA, Ana Elizabete et al. (Org.). *Serviço Social e Saúde:* formação e trabalho profissional. São Paulo: Cortez, 2009.

_____. O Campo da Atenção Psicossocial na Política de Saúde Mental e o Serviço Social. Considerações sobre o *ethos* do cuidado. In: FORTI, Valeria; GUERRA, Yolanda (Orgs.). *Serviço Social:* Temas, Textos e Contextos. Coletânea Nova de Serviço Social. Rio de Janeiro: Lumen Juris, 2010.

_____. O campo psicossocial na política de saúde mental brasileira — uma análise micropolítica da produção do cuidado em saúde mental. In: Congresso Luso Afro Brasileiro de Ciências Sociais — Diversidades e (Des)igualdades, 11, 2011, Salvador. *Anais...* Salvador: UFBA, 2011.

DURAND-DELVIGNE, Annick; DURU-BELLAT, Marie. Co-educação e construção de gênero. In: MARUANI, Margaret; HIRATA, Helena. *As novas fronteiras da desigualdade:* homens e mulheres no mercado de trabalho. São Paulo: Senac, 2003.

ENGELS, Friedrich. *A Origem da Família, da Propriedade Privada e do Estado.* Tradução Ciro Mioranza. 2. ed. São Paulo: Escala, [s.d.].

ESCOREL, Sarah; NASCIMENTO, Dilene Raimundo do; EDLER, Flavio Coelho. As origens da reforma sanitária e do SUS. In: LIMA, Nísia Trindade et al. *Saúde e Democracia:* história e perspectivas do SUS. Rio de Janeiro: FIOCRUZ, 2005.

FALQUET, Jules. Transformações neoliberais do trabalho das mulheres: liberação ou novas formas de apropriação. In: ABREU, Alice Rangel de Paiva; HIRATA, Helena; LOMBARDI, Maria Rosa. *Gênero e trabalho no Brasil e na França:* perspectivas interseccionais. São Paulo: Boitempo, 2016.

FERREIRA, Gina. De volta para casa: prática de reabilitação com pacientes crônicos em saúde mental. In: PITTA, Ana (Org.). *Reabilitação Psicossocial no Brasil.* São Paulo: Hucitec, 1996.

_____. Panorama sobre a Reforma Psiquiátrica Brasileira no Rio de Janeiro: do manicômio público ao lar abrigado. In: Conselho Federal de Psicologia. *Loucura, Ética e Política:* escritos militantes. Rio de Janeiro: Casa do Psicólogo, 2003.

_____. A Reforma Psiquiátrica no Brasil: uma análise sócio-política. *Psicanálise e Barroco — Revista de Psicanálise,* Rio de Janeiro, v. 4, n. 1, p. 77-85, jun. 2006.

_____. Entrevista com Gina Ferreira. *Jornal do Conselho Regional de Psicologia,* Conselho Regional de Psicologia, Rio de Janeiro, ano 2, n. 10, jun. 2006b.

_____. Desinstitucionalização e Integralidade: um estudo do processo de Reforma Psiquiátrica no Brasil. In: PINHEIRO, Roseni; GULJOR, Ana Paula; GOMES, Aluísio; MATTOS, Rubens (Orgs.). *Desinstitucionalização na saúde mental:* contribuições para estudos avaliativos. Rio de Janeiro: CEPESC: IMS/ABRASCO, 2007.

_____. As Instâncias Sociais na Prática Psiquiátrica — Uma Questão Ética: reflexões e prática de um projeto de Lar Abrigado. *Saúde Virtual,* [S.I], 2009.

FIGUEIREDO, Ana Cristina; FRARE, Ana Paola. A função da psicanálise e o trabalho do psicanalista nos Serviços Residenciais Terapêuticos. *Revista Latinoamericana de Psicopatologia Fundamental*, São Paulo, v. 11, n. 1, p. 82-96, mar. 2008.

_____. No litoral, entre o tratamento e o cuidado leigo: sobre a inclusão do sujeito no encaminhamento para os serviços residenciais terapêuticos. In: Congresso Internacional de Psicopatologia Fundamental e X Congresso Brasileiro de Psicopatologia Fundamental, 9, 2010, Curitiba. *Anais...* Curitiba, 2010.

FOUCAULT, Michel. *História da Sexualidade 3* — o cuidado de si. Tradução Maria Theresa da Costa Albuquerque. Revisão técnica de José Augusto Guilhon Albuquerque. 8. ed. Rio de Janeiro: Graal, 2005.

FOUGEYROLLAS-SCHWEBEL, Dominique. Trabalho Doméstico. In: HIRATA, Helena (Org.). *Dicionário Crítico do Feminismo*. São Paulo: Editora UNESP, 2009.

_____. Trabalho doméstico, serviços domésticos. In: FARIA, Nalu; NOBREM, Miriam (Orgs.). O trabalho das mulheres. *Cadernos Sempreviva, SOF,* São Paulo, 1999.

FREIRE, Nilcéa. Conferência de abertura: Seminário Gênero, Família e Trabalho em perspectiva comparada. In: ARAÚJO, Clara; PICANÇO, Felícia; SCALON, Celi (Orgs.). *Novas Configurações e Antigas Tensões?* Gênero, família e trabalho em perspectiva comparada. São Paulo: EDUSC, 2007.

FREIRE, Flávia Helena Miranda de Araújo. *Residência Terapêutica*: inventando novos lugares para se viver. Rio de Janeiro: UFRJ, 2008. Banco de Textos da Micropolítica do Trabalho e o Cuidado em Saúde.

FURTADO, Juarez; PACHECO, Ricardo Azevedo. Moradias Extra-hospitalares em Campinas: reflexões sobre uma experiência. In: VENANCIO, Ana Teresa; LEAL, Erotildes Maria; DELGADO, Pedro Gabriel (Orgs.). O Campo da Atenção Psicossocial. In: Congresso de Saúde Mental do Estado do Rio de Janeiro, 1, 1997, Rio de Janeiro. *Anais...* Rio de Janeiro: IFB/Te Corá Editora, 1997.

FURTADO, Juarez; BRAGA-CAMPOS, Florianita Coelho. Problemas de uma casa chamada serviço: buscando novas perspectivas de morada para portadores de transtorno mental grave. In: SILVEIRA, Maria de Fátima de Araújo da; SANTOS JUNIOR, Hudson Pires (Org.). *Residências Terapêuticas:* pesquisas e práticas nos processos de desinstitucionalização *[online].* Campina Grande: EDUEPB, 2011. Disponível em: http://static.scielo.org/scielobooks/pgwpg/pdf/silveira-9788578791230.pdf. Acesso em: 15 maio 2015.

_____; Análise da Saúde Coletiva: moradores de serviços residenciais terapêuticos: In: FURTADO, Juarez Pereira; NAKAMURA, Eunice (Orgs.). *Inserção Social e Habitação de Pessoas com Sofrimento Mental Grave* — um estudo avaliativo. São Paulo: FAP- UNIFESP, 2014.

FURTADO, Juarez Pereira. Construções Imperfeitas: hospitalidade aos doentes mentais no Brasil. In: FURTADO, Juarez Pereira; NAKAMURA, Eunice (Orgs.). *Inserção Social e Habitação de Pessoas com Sofrimento Mental Grave* — um estudo avaliativo. São Paulo: FAP — UNIFESP, 2014.

GEORGES, Isabel; SANTOS, Yumi Garcia dos Santos. *Care* e políticas públicas: o caso das "agentes comunitárias de saúde" e das "agentes de proteção social". In: HIRATA, Helena; GUIMARÃES, Nadya Araujo (Orgs.). *Cuidado e Cuidadoras:* as várias faces do trabalho do *Care.* São Paulo: Atlas, 2012.

GILLIGAN, Carol. La ética del cuidado. *Cuadernos de La Fundació Víctor Grífols i Lucas 30,* Barcelona, 2013.

GLUCKSMANN, Miriam. Rumo a uma sociologia econômica do trabalho do *care*: comparando em quatro países europeus. In: HIRATA, Helena; GUIMARÃES, Nadya Araujo (Orgs.). *Cuidado e Cuidadoras:* as várias faces do trabalho do *care.* São Paulo: Atlas, 2012.

GOMES, Pedro David; LA BLÉTIÈRE, Vanessa R. de. Trabalho Doméstico: singularidade de uma atividade precária. In: MATOS, José Nuno; DOMINGOS, Nuno; KUMAR, Rahul (Orgs.). *Precários em Portugal:* entre a fábrica e o "call center". Lisboa: Edições 70, Le Monde Diplomatique, Editora Portuguesa, 2011.

GOMES, Tathiana. Capitalismo contemporâneo, crise e política social: impactos na política de saúde mental, crack, álcool e outras drogas. *Revista O Social em Questão*, ano 18, n. 34, p. 297-314, 2015.

GORFINKIEL, Magdalena Díaz. El mercado de trabajo de los cuidados y la creación de las cadenas globales de cuidado: ¿cómo concilian las cuidadoras? *Cuadernos de Relaciones Laborales*, n. 2, p. 71-89, 2008.

GROISMAN, Daniel. Formação de Cuidadores de Idosos: avanços e retrocessos na política pública de cuidados no Brasil. In: MOROSINI, Márcia Valéria Guimarães Cardoso et al. (Orgs.). *Trabalhadores Técnicos da Saúde:* aspectos da qualificação profissional no SUS. Rio de Janeiro: EPSJV, 2013.

_____. *O Cuidado enquanto Trabalho:* envelhecimento, dependência e políticas de bem estar no Brasil. 2015. 212 p. Tese (Doutorado em Serviço Social) — Escola de Serviço Social da Universidade Federal do Rio de Janeiro, Rio de Janeiro, 2015.

GUIMARÃES, Nadya Araujo; HIRATA, Helena Sumiko; SUGITA, Kurumi. Cuidado e Cuidadoras: o trabalho de *care* no Brasil, França e Japão. *Revista Sociologia & Antropologia*, v. 1, p. 151-180, 2011.

GULJOR, Ana Paula. *Os Centros de Atenção Psicossocial:* um Estudo sobre a Transformação do Modelo Assistencial em Saúde Mental. 172 p. Dissertação (Mestrado em Saúde Pública) — Escola Nacional de Saúde Pública da Fundação Oswaldo Cruz, Rio de Janeiro, 2003.

_____; PINHEIRO, Roseni. Demandas por cuidado na desinstitucionalização: concepções dos trabalhadores sobre a construção de demanda e necessidades em saúde mental. In: PINHEIRO, Roseni; GULJOR, Ana Paula; GOMES, Aluísio; MATTOS, Rubens (Orgs.). *Desinstitucionalização na Saúde Mental:* contribuições para estudos avaliativos. Rio de Janeiro: CEPESC/IMS/ABRASCO, 2007.

GUTIERREZ, Denise Machado Duran; MINAYO, Maria Cecília de Souza. Família, Redes Sociais e Saúde: o imbricamento necessário. In: Seminário Internacional Fazendo Gênero — Corpo, violência e poder, 2008, Florianópolis. *Anais...*

HARVEY, David. *Condição pós-moderna: uma pesquisa sobre as origens da mudança cultural.* 21. ed. São Paulo: Edições Loyola, 2011.

_____. *O neoliberalismo:* história e implicações. 5. ed. São Paulo: Edições Loyola, 2014.

HEIDEGGER, Martin. *Ser e Tempo.* 10. ed. Petrópolis: Vozes; Bragança Paulista: Editora Universitária São Francisco, 2015.

HIRATA, Helena. Vida reprodutiva e produção: família e empresa no Japão. In: KARTCHEVSKY-BULPORT, Andrée *et al. O sexo do trabalho.* Rio de Janeiro: Paz e Terra, 1986.

_____. Os mundos do trabalho: convergência e diversidade num contexto de mudança dos paradigmas produtivos. In: CASALI, A. *et al.* (Orgs.). *Emprego e Educação: novos caminhos do mundo do trabalho.* São Paulo: EDUC, 1997.

_____. Reestruturação Produtiva, Trabalho e Relações de Gênero. *Revista Latino-americana de Estudos do trabalho,* ano 4, n. 7, p. 5-27, 1998.

_____. Tendências recentes da precarização social e do trabalho: Brasil, França e Japão. *Caderno CRH,* Salvador, v. 24, n. spe 01, p. 13-20, 2001.

_____. Globalização e Divisão Sexual do Trabalho. *Cadernos Pagu,* p. 139-156, 2001/02.

_____. Reestruturação produtiva, cidadania e gênero. In: COSTA, Ana Alice *et al. Um debate crítico a partir do feminismo:* reestruturação produtiva, reprodução e gênero. São Paulo: CUT/Brasil, 2002.

_____. Reorganização da produção e transformações do trabalho: uma nova divisão sexual? In: BRUSCHINI, Cristina; UNBEHAUM, Sandra G. (Orgs.). *Gênero, Democracia e Sociedade Brasileira.* São Paulo: Fundação Carlos Chagas, Editora 34, 2002b.

_____; ZARIFIAN, Philippe. O Conceito de Trabalho. In: EMILIO, Marli; TEIXEIRA, Marilane; NOBRE, Miriam (Orgs.). *Trabalho e Cidadania ativa para as Mulheres: desafios para as políticas públicas.* Coordenadoria Especial da Mulher. São Paulo, 2003.

HIRATA, Helena; KERGOAT, Daniéle. A divisão sexual do trabalho revisitada. In: MARUANI, Margaret; HIRATA, Helena. (Orgs.). *As novas fronteiras da desigualdade:* homens e mulheres no mercado de trabalho. São Paulo: Senac, 2003.

_____. Trabalho Doméstico: uma servidão "voluntária'? In: GODINHO, Tatau; SILVEIRA, Maria Lúcia da (Orgs.). *Políticas Públicas e Igualdade de Gênero.* São Paulo: Coordenadoria Especial da Mulher, 2004.

_____. O Universo do Trabalho e da Cidadania das Mulheres — um olhar do feminismo e do sindicalismo. In: COSTA, Ana Alice; OLIVEIRA, Eleonora Menicucci de; LIMA, Maria Ednalva Bezerra; SOARES, Vera (Orgs.). *Reconfiguração das Relações de Gênero no Trabalho.* São Paulo: CUT Brasil, 2004.

_____; KERGOAT, Danièle. Novas Configurações da Divisão Sexual do Trabalho. *Cadernos de Pesquisa,* Campinas, v. 37, n. 132, p. 595-609, 2007.

_____; SEGNINI, Liliana (Orgs.). *Organização, Trabalho e Gênero.* São Paulo: Senac, 2007.

_____. A Precarização e a Divisão Internacional e Sexual do Trabalho. *Revista Sociologias,* Porto Alegre, ano 11, n. 21, p. 24-41, jan./jun. 2009.

_____. *Dicionário Crítico do Feminismo.* São Paulo: UNESP, 2009.

_____; ZARIFIAN, Philippe. Trabalho (o conceito de). In: HIRATA, Helena (Org.). *Dicionário Crítico do Feminismo.* São Paulo: UNESP, 2009.

_____. Teorias e Práticas do *Care*: estado sucinto da arte, dados de pesquisa e pontos em debate. In: FARIA, Nalu; MORENO, Renata (Orgs.). *Cuidado, Trabalho e Autonomia das Mulheres.* São Paulo: SOF, 2010. Coleção Cadernos Sempreviva. Série Economia e Feminismo, 2.

_____. Novas Configurações da Divisão Sexual do Trabalho. 2. ed. *Revista Tecnologia e Sociedade,* Curitiba, 2010b.

_____. Tendências recentes da precarização social e do trabalho: Brasil, França, Japão. *Cad. CRH* [online], v. 24, n. 1, p. 15-22, 2011.

HIRATA, Helena. O desenvolvimento das políticas de cuidados em uma perspectiva comparada: França, Brasil e Japão. *Revista Políticas Públicas*, São Luís, número especial, p. 293-290, out. 2012.

_____. *Nova divisão sexual do trabalho?* Um olhar voltado para a empresa e a sociedade. São Paulo: Boitempo, 2012b.

_____. O trabalho de cuidado ao idoso no Japão e alguns aspectos de comparação internacional. *Revista Mediações*, Londrina, v. 17, n. 2, p. 157-165, jul./dez. 2012c.

_____. O trabalho do cuidado. In: OLIVEIRA, Juliana Andrade; MATSUO, Myrian (Orgs.). O trabalho emocional e o trabalho de cuidado. I Seminário de Sociologia da Fundacentro, 1, 2014, São Paulo. *Anais...* Ministério do Trabalho e Emprego e Fundacentro, São Paulo, 2014.

HONORATO, Carlos Eduardo de Moraes; PINHEIRO, Roseni. O trabalho do Profissional de Saúde Mental em um processo de desinstitucionalização. *Physis Revista de Saúde Coletiva*, Rio de Janeiro, 2008.

IBGE. Instituto Brasileiro de Geografia e Estatística. *Algumas características da inserção das mulheres no mercado de trabalho de Recife, Salvador, Belo Horizonte, Rio de Janeiro, São Paulo e Porto Alegre.* Pesquisa mensal de emprego. Rio de Janeiro: IBGE, 2008.

_____. Instituto Brasileiro de Geografia e Estatística. *Pesquisa Mensal de Emprego. Mulher no Mercado de Trabalho: perguntas e respostas.* Dia Internacional da Mulher, 8 de março de 2010.

_____. Instituto Brasileiro de Geografia e Estatística. Estatísticas de Gênero: uma análise dos resultados do censo demográfico de 2010. *Estudos & Pesquisas:* informação demográfica e socioeconômica n. 33. Rio de Janeiro: Ministério do Planejamento, Orçamento e Gestão, 2014.

JESUS, Jaqueline Gomes de. *Orientações sobre identidade de gênero:* conceitos e termos. Guia técnico sobre pessoas transexuais, travestis e demais transgêneros, para formadores de opinião. 2. ed. Brasília: UFG, 2012.

JÚNIOR, Hugo Marques Fagundes; DESVIAT, Manuel; SILVA, Paulo Roberto Fagundes da. Reforma Psiquiátrica no Rio de Janeiro: situação atual e perspectivas futuras. *Revista Ciência & Saúde Coletiva*, v. 21, n. 5, p. 1449-1460, [*on-line*], 2016. Disponível em: http://www.scielo.br/scielo.php?pid=S1413-81232016000501449&script=sci_abstract&tlng=pt. Acesso em: 25 jun. 2016.

KARTCHEVSKY-BULPORT, Andrée *et al*. *O sexo do trabalho*. Rio de Janeiro: Paz e Terra, 1986.

KERGOAT, Danièle. Em defesa de uma sociologia das relações sociais. Da análise crítica das categorias dominantes à elaboração de uma nova conceituação. In: KARTCHEVSKY-BULPORT, Andrée *et al*. *O sexo do trabalho*. Rio de Janeiro: Paz e Terra, 1986.

_____. Qualification et rapports sociaux de sexe. In: Congrès Mondial de Sociologie, 20, 1990, Madrid. *Anais...* Madrid, 1990.

_____. Relações sociais de sexo e divisão sexual do trabalho. In: LOPES, Maria Julia Marques; MEYER, Dagmar Estermann; WALDOW, Vera Regina (Orgs.). *Gênero e Saúde*. Porto Alegre: Artes Médicas, 1996.

_____. Divisão sexual do trabalho e relações sociais de sexo. In: EMÍLIO, Marli; TEIXEIRA, Marilane; NOBRE, Miriam; GODINHO, Tatau (Orgs.). *Trabalho e Cidadania das Mulheres: desafios para as políticas públicas*. Coordenadoria Especial da Mulher, São Paulo, 2003.

_____. Divisão sexual do trabalho e relações sociais de sexo. In: HIRATA, Helena. *Dicionário Crítico do Feminismo*. São Paulo: UNESP, 2009.

KUHNEN, Tânia Aparecida. A ética do cuidado como teoria feminista. III Simpósio Gênero e Políticas Públicas, 3, Londrina. *Anais...* Londrina: UEL, 2014.

LACERDA, Maria Ribeiro; PRZENYEZKA, Ramone Aparecida. Exercício (I)legal da Enfermagem: a realidade do cuidador informal. *Revista Cogitare Enferm*, Curitiba, jul./set. 2008.

LAVINAS, Lena. Emprego feminino: o que há de novo e o que se repete. *Revista Dados*, Rio de Janeiro, v. 40, n. 1, p. 41-68, 1997.

LEAL, Erotildes Maria; DELGADO, Pedro Gabriel. Clínica e cotidiano: o CAPS como dispositivo de desinstitucionalização. In: PINHEIRO, Roseni; GULJOR, Ana Paula; GOMES, Aluísio; MATTOS, Rubens (Orgs.). *Desinstitucionalização na Saúde Mental:* contribuições para estudos avaliativos. Rio de Janeiro: CEPESC/IMS/ABRASCO, 2007.

_____. A formação do supervisor de CAPS: três lições extraídas do processo de implantação da rede de atenção psicossocial do município do Rio de Janeiro. In: ALBUQUERQUE, Patrícia; LIBÉRIO, Madalena (Orgs.). 12 Anos de CAPS na Cidade do Rio de Janeiro. *Revista da Escola de Saúde Mental*, Rio de Janeiro, ano 1, n. 1, 2008.

LIMA, Nísia Trindade; FONSECA, Cristina; HOCHMAN, Gilberto. A saúde na construção do Estado Nacional no Brasil: reforma sanitária em perspectiva histórica. In: LIMA, Nísia Trindade *et al*. *Saúde e Democracia:* história e perspectivas do SUS. Rio de Janeiro: FIOCRUZ, 2005.

LOPES, Maria Julia Marques. Divisão do Trabalho e Relações de Sexo: pensando a realidade das trabalhadoras do cuidado de saúde. In: LOPES, Maria Julia Marques; MEYER, Dagmar Estermann; WALDOW, Vera Regina (Orgs.). *Gênero e Saúde*. Porto Alegre: Artes Médicas, 1996.

LUIZ, Raquel Terezinha *et al*. Estado da arte sobre o serviço residencial terapêutico no Brasil: um panorama exploratório. *Psicologia: Teoria e Prática*, p. 131-140, 2011.

MARCONDES, Mariana Mazzini; YANNOULAS, Sílvia Cristina. Práticas sociais de cuidado e a responsabilidade do Estado. *Revista Ártemis*, João Pessoa, v. 13, p. 174-186, jan./jun. 2012.

_____. A divisão sexual dos cuidados: do *walfare state* ao neoliberalismo. *Revista Argumentum*, Vitória (ES), v. 4, n. 1, p. 91-106, jan./jun. 2012.

MARINHO, Manuela. Olhares femininos sobre a ética: Carol Gilligan e Nel Noddings. *Revista Intervenção Social*, p. 71-82, 2004.

MERHY, Emerson Elias. *O ato de cuidar:* a alma dos serviços de saúde? Professor do DMPS/FCM/UNICAMP, Campinas, Maio, 1999.

MÉSZAROS, István. *Para Além do Capital:* rumo a uma teoria da transição. Tradução Paulo Cezar Castanheira, Sérgio Lessa. 1. ed. revista. São Paulo: Boitempo, 2011.

MINGOL, Irene. *La ética del cuidado y la construcción de la paz.* Documentos de trabajo 2. Barcelona: Icaria-Editorial, 2008.

MINISTÉRIO DA SAÚDE. *Relatório Final da III Conferência Nacional de Saúde Mental. Cuidar, sim, excluir, não.* Efetivando a Reforma Psiquiátrica com acesso, qualidade, humanização e controle social. Brasília, 2001.

_____. *Residências terapêuticas:* o que são, para que servem. Brasília, DF, 2004.

_____. Secretaria de Gestão e Trabalho e da Educação em Saúde. *Guia Prático do Cuidador.* Brasília: Ministério da Saúde, 2008

_____. *Portaria GM 3.090 de 23 de dezembro de 2011,* que altera a Portaria n. 106/GM/MS, de 11 de fevereiro de 2000, e dispõe sobre o repasse dos recursos dos Serviços Residenciais Terapêuticos. Brasília, 2011.

_____. Relatório de Gestão 2007-2010. *Saúde Mental no SUS:* as novas fronteiras da Reforma Psiquiátrica. Brasília, DF, 2011.

_____. *Portaria n. 3.088 de 23 de dezembro de 2011,* que institui a Rede de Atenção Psicossocial. Brasília, DF, 2011.

MINISTÉRIO DO TRABALHO. *Trabalho doméstico:* direitos, deveres: orientações. 5. ed. Brasília, 2013.

MIOTO, Regina. Família e políticas sociais. In: BOSCHETTI, Ivanete (Org.). *Política Social no capitalismo:* tendências contemporâneas. São Paulo: Cortez, 2008.

_____. Política social e trabalho familiar: questões emergentes no debate contemporâneo. *Revista Serviço Social e Sociedade,* São Paulo, n. 124, p. 699-720, out./dez. 2015.

MOLINIER, Pascale. A dimensão do cuidar no trabalho hospitalar: abordagem psicodinâmica do trabalho de enfermagem e dos serviços de manutenção. *Revista Brasileira de Saúde Ocupacional,* São Paulo, p. 06-16, 2008.

MOLINIER, Pascale. Ética e trabalho do *care*. In: HIRATA, Helena; GUIMARÃES, Nadya Araujo (Orgs.). *Cuidado e cuidadoras:* as várias faces do trabalho do *care*. São Paulo: Atlas, 2012.

MONTAÑO, Carlos; DURIGUETTO, Maria Lúcia. *Estado, Classe e Movimento Social*. Biblioteca Básica do Serviço Social. 1. ed. São Paulo: Cortez, 2010.

NETO, Pedro Machado Ribeiro; AVELLAR, Luziane Zacché. Conhecendo os cuidadores de um serviço residencial terapêutico. *Revista Mental*, Barbacena, v. 3, n. 3, 2009.

NICÁCIO, Fernanda; AMARANTE, Paulo; BARROS, Denise. Franco Basaglia em terras brasileiras: caminhantes e itinerários. In: AMARANTE, Paulo (Org.). *Archivos de saúde mental e atenção psicossocial 2*. Rio de Janeiro: NAU, 2005, p. 195-214.

NOBRE, Miriam. Trabalho Doméstico e Emprego Doméstico. In: COSTA, Ana Alice *et al*. (Orgs.). *Reconfigurações das relações de gênero no trabalho*. São Paulo: CUT Brasil, 2004.

_____. Notas sobre mercantilização dos cuidados. Seminário Temático Trabalho e Gênero — pontos de vista situados e algumas controvérsias. *Anais...* USP, São Paulo, 2013.

NOGUEIRA, Cláudia Mazzei. *A feminização no mundo do trabalho*. Campinas: Autores Associados, 2004.

_____. As relações sociais de gênero no trabalho e na reprodução. *Revista Aurora*, ano 4, n. 6, agosto, 2010.

_____. A feminização no mundo do trabalho: entre a emancipação e a precarização. In: ANTUNES, Ricardo; SILVA, Maria Aparecida (Orgs.). *O avesso do trabalho*. São Paulo: Expressão Popular, 2010.

_____. *O trabalho duplicado* — a divisão sexual no trabalho e na reprodução: um estudo das trabalhadoras do telemarketing. São Paulo: Expressão Popular, 2011.

NOGUEIRA, Cláudia Mazzei. A precarização e a divisão sociossexual do trabalho. In: SILVA, José Fernando Siqueira; SANT'ANA, Raquel; LOURENÇO, Edvania (Orgs.). *Sociabilidade burguesa e Serviço Social*. Rio de Janeiro: Lumen Juris, 2013. Coletânea Nova de Serviço Social.

OIT. Organização Internacional do Trabalho. Um trabalho decente para as trabalhadoras domésticas remuneradas no continente. In: *O trabalho doméstico remunerado na América Latina e Caribe*. Notas OIT. v. 1, 2010, Cone Sul.

OLIVEIRA, Fátima. Ser negro no Brasil: alcances e limites. *Revista Estudos Avançados*, 2004.

OLIVEIRA, Eleonora Menicucci de. *A mulher, a sexualidade e o trabalho*. São Paulo: Hucitec, CUT/Brasil, 1999.

OROZCO, Amaia Pérez; GIL, Silva Lopes. *Desigualdades a flor de piel*: cadenas globales de cuidados. Concreciones en el empleo de hogar y politicas públicas. Espanha: ONU Mujeres, 2011.

PASSOS, Rachel Gouveia. Saúde mental, cuidado e gênero: a participação das mulheres no processo de desinstitucionalização. In: FREIRE, Mariana Frizieiro da Silva; PASSOS, Rachel Gouveia. *Políticas Públicas, gênero e violência*: contribuições para o Serviço Social. Campinas: Papel Social, 2015.

PAULIN, Luiz Fernando; TURATO, Egberto Ribeiro. Antecedentes da reforma psiquiátrica no Brasil: as contradições dos anos 1970. *Revista História, Ciências, Saúde*. Rio de Janeiro, v. 11, n. 2, p. 241-28, maio/ago. 2004.

PEREIRA, Potyara Amazoneida. Estado, regulação social e controle democrático. In: BRAVO, Maria Inês; PEREIRA, Potyara. *Política Social e Democracia*. São Paulo: Cortez, 2002.

PERONI, Vera Maria Vidal. Políticas Públicas e gestão da Educação em tempos em redefinição do papel do Estado. Seminário de Pesquisa em Educação da Região Sul — Pesquisa em Educação e Inserção Social, 7, 2008. *Anais...* Itajaí: UNIVALI/SC, 2008.

PIRES, Denise. A Enfermagem enquanto disciplina, profissão e trabalho. *Revista Brasileira de Enfermagem (REBEn)*, Brasília, p. 739-44, set./out. 2009.

RESENDE, Heitor. Política de saúde mental no Brasil: uma visão histórica. In: TUNDIS, Silvério Almeida; COSTA, Nilson do Rosário. *Cidadania e loucura:* políticas de saúde mental no Brasil. Petrópolis: Vozes, 2001.

RIBAULT, Thierry. Cuidadoras domiciliares: que tipo de profissionalização? In: HIRATA, Helena; GUIMARÃES, Nadya Araujo (Orgs.). *Cuidado e cuidadoras*: as várias faces do trabalho do *care*. São Paulo: Atlas, 2012.

RIO DE JANEIRO. Secretaria Municipal de Saúde. Subsecretaria de Atenção Hospitalar, Urgência e Emergência. Superintendência de Saúde Mental. *As Residências Terapêuticas do Município do Rio de Janeiro*: habitando a casa, a cidade e a vida. Rio de Janeiro: Secretaria Municipal de Saúde, 2014. Série E. Comunicação e educação em saúde, 28p.

ROMANO, Bruna; SILVERIO, Rita Cássia Ferreira. O Acompanhamento Terapêutico no Serviço Residencial Terapêutico do CAPS Clarice Lispector. Simpósio de Acompanhamento Terapêutico e Saúde Pública, 2012, São Paulo, *Anais...* São Paulo, 2012.

ROTELLI, Franco; LEONARDIS, Otta; MAURI, Diana (Orgs.). Desinstitucionalização, uma Outra Via: a reforma psiquiátrica italiana no contexto da Europa Ocidental e dos Países Avançados. In: ROTELLI, Franco; LEONARDIS, Otta; MAURI, Diana (Orgs.). *Desinstitucionalização*. 2. ed. São Paulo: Hucitec, 2001.

_____; AMARANTE, Paulo. Reformas psiquiátricas na Itália e no Brasil: aspectos históricos e metodológicos. In: AMARANTE, Paulo Duarte de Carvalho; BEZERRA Jr., Benilton. *Psiquiatria sem hospício:* Contribuições ao Estudo da Reforma Psiquiátrica. Rio de Janeiro: Relume-Dumará, 1992.

SAFFIOTI, Heleieth. *O poder do macho.* São Paulo: Moderna, 1987.

SILVA, Elisa Alves *et al*. Cuidadores e convívio: em cena as relações nos serviços residenciais terapêuticos. In: FURTADO, Juarez Pereira; NAKAMURA, Eunice (Orgs.). *Inserção social e habitação de pessoas com sofrimento mental grave* — um estudo avaliativo. São Paulo: FAP — UNIFESP, 2014.

SILVA, Gilson Mafacioli da *et al*. O processo de trabalho na supervisão clínico-institucional nos Centros de Atenção Psicossocial (CAPS). *Rev. Latinoamericana Psicopatologia Fundamental*, São Paulo, v. 15, n. 2, p. 309-322, Jun. 2012.

SILVA, Lucila Lima da. *Fotografias do cotidiano*: modos de trabalhar e a saúde do trabalhador de saúde mental. Monografia apresentada no Centro de Estudos Juliano Moreira para conclusão da Residência Multidisciplinar em Saúde Mental da Secretaria Municipal de Saúde do Rio de Janeiro. SMS, RJ, 2013.

SILVEIRA, Daniele Pinto da; VIEIRA, Ana Luiza Stiebler. Reflexões sobre a ética do cuidado em saúde: desafios para a atenção psicossocial no Brasil. *Revista Estudos e Pesquisas em Psicologia*, Rio de Janeiro, ano 5, n. 1, 2005.

SILVERIO, Rita de Cássia Ferreira. O Serviço Residencial Terapêutico do CAPS Clarice Lispector. In: Congresso Internacional da Rede Unida, 10, 2012, Brasília. *Anais...*

SOARES, Angelo. O preço de um sorriso: as emoções no trabalho, desafios para a saúde das trabalhadoras e dos trabalhadores. In: OLIVEIRA, Juliana Andrade; MATSUO, Myrian (Orgs.). O trabalho emocional e o trabalho de cuidado. I Seminário de Sociologia da FUNDACENTRO, 1, 2014, São Paulo. *Anais...* São Paulo: Ministério do Trabalho e Emprego e Fundacentro, 2014.

_____. As emoções do *care*. In: HIRATA, Helena; GUIMARÃES, Nadya Araujo (Orgs.). *Cuidado e cuidadoras*: as várias faces do trabalho do *care*. São Paulo: Atlas, 2012.

SOARES, Cristiane; SABOIA, Ana Lúcia. *Tempo, trabalho e afazeres domésticos*: um estudo com base nos dados da Pesquisa Nacional por Amostra de Domicílios de 2001 e 2005. Rio de Janeiro: IBGE, Coordenação de População e Indicadores Sociais, 2007.

SOARES, Suamy Rafaely. A feminização da pobreza e as políticas sociais focalizadas nas mulheres: um debate a ser repensado. In: Jornada Internacional de Políticas Públicas — estado, desenvolvimento e crise do capital, 5, 2011, São Luís, *Anais...* São Luis, 2011.

SORJ, Bila. Trabalho remunerado e trabalho não-remunerado. In: VENTURINI, Gustavo; RECAMÁN, Marisol; OLIVEIRA, Suely de (Orgs.). *A mulher brasileira nos espaços público e privado*. 1. ed. São Paulo: Fundação Perseu Abramo, 2004.

SORJ, Bila. O trabalho doméstico e de cuidados: novos desafios para a igualdade de gênero no Brasil. In: SILVEIRA, Maria Lucia da; TITO,

Neuza (Orgs.). *Trabalho doméstico e de cuidados:* por outro paradigma de sustentabilidade da vida humana. São Paulo: SOF, 2008.

SORJ, Bila; FONTES, Adriana. O *care* como um regime estratificado: implicações de gênero e classe social. In: HIRATA, Helena; GUIMARÃES, Nadya Araujo (Orgs.). *Cuidado e cuidadoras:* as várias faces do trabalho do *care*. São Paulo: Atlas, 2012.

SPED. Sistema de Pesquisa de Emprego e Desemprego. *A mulher nos mercados de trabalho metropolitanos*. Especial, abril, 2011.

SOUZA-LOBO, Elisabeth. *A classe trabalhadora tem dois sexos:* trabalho, dominação e resistência. 2. ed. São Paulo: Fundação Perseu Abramo, 2011.

SPRIOLI, Neila; COSTA, Maria Cristina Silva. Cuidar em novo tempo: o trabalho de cuidadores com pacientes psiquiátricos em moradias. *Revista Latino-Americana de Enfermagem*, set./out. 2011.

TARTUCE, Gisela Lobo B. P. Cuidado e cuidadoras: as várias faces do trabalho do *care*. Resenha. *Cadernos de Pesquisa*, v. 43, n. 148, p. 366-377, jan./abr. 2013.

TERTUALIAN, Nicolas. A ontologia em Heidegger e em Lukács: fenomenologia e dialética. In: ROIO, Marcos Del (Org.). *György Lukács e a emancipação humana*. São Paulo: Boitempo, FAPESP, 2013.

THOMAS, Carol. Desconstruyendo los conceptos de cuidados. *El Trabajo de Cuidados:* historia, teoria y políticas. Madrid: Catarata, 2011.

TOLEDO, Cecília. *Mulheres:* o gênero nos une, a classe nos divide. 2. ed. São Paulo: Instituto José Luís e Rosa Sundermann, 2005. Série Marxismo e Opressão.

TOMEI, Manuela. Da sombra para a luz: o trabalho doméstico e a OIT. In: A OIT e a Igualdade de Género no Mundo do Trabalho. *Cadernos Sociedade e Trabalho*, Lisboa, n. 6, 2013.

TRABUT, Loic; WEBER, Florence. Como tornar visível o trabalho das cuidadoras domiciliares? O caso das políticas em relação à dependência na França. In: HIRATA, Helena; GUIMARÃES, Nadya Araujo (Orgs.). *Cuidado e Cuidadoras:* as várias faces do trabalho do *care*. São Paulo: Atlas, 2012.

TRONTO, Joan. Mulheres e cuidados: o que as feministas podem aprender sobre a moralidade a partir disso? In: JAGGAR, Alison M.; BORDO, Susan R. (Orgs.). *Gênero, corpo, conhecimento*. Tradução Rosa dos Tempos, Rio de Janeiro: Record, 1997. Coleção Gênero 1.

_____. Assistência Democrática e Democracias Assistenciais. *Revista Sociedade e Estado*, Brasília, v. 22, n. 2, p. 285-308, maio/ago. 2007.

YASUI, Silvio. *Rupturas e Encontros:* desafios da Reforma Psiquiátrica Brasileira. Rio de Janeiro: FIOCRUZ, 2010.

WALDOW, Vera Regina. Atualização do cuidar. *Revista Aquichan,* Colombia, ano 8, v. 8, n. 1 p. 85-96, abr. 2008.

VASCONCELOS, Eduardo Mourão. Os dispositivos residenciais e de reinserção social em saúde mental: contexto, política, estratégias, tipologia, abordagens teóricas e desafios. *Cadernos do IPUB:* Desinstitucionalização. A experiência dos Serviços Residenciais Terapêuticos. Instituto de Psiquiatria/ UFRJ, V. XII, n. 22, nov./dez. 2006.

_____. A psiquiatria biomética está se fortalecendo. Entrevista. *Revista Poli: saúde, educação, trabalho*. Rio de Janeiro, ano 8, n. 44, p. 12-15, mar./abr. 2016.

VIDAL, Cristina *et al*. O cuidado diante dos novos desafios da desinstitucionalização. Anais do *II Encontro Nacional dos Residenciais Terapêuticos e do Programa De Volta Para Casa — O Morar nas Cidades: A intersetorialidade como cenário dos debates*, Porto Alegre, UFRGS, 2010.

ZELIZER, Viviana A. Dualidades Perigosas. *Revista Mana*, p. 237-256, 2009.

_____. A Economia do *Care*. In: HIRATA, Helena; GUIMARÃES, Nadya Araujo (Orgs.). *Cuidado e Cuidadoras:* As várias faces do trabalho do *care*. São Paulo: Atlas, 2012.